想像力のスイッチを入れよう

下村健一

講談社

想像力のスイッチを入れよう

目次

二時間目

本文中《ほんぶんちゅう》の２次元コードにスマートフォンなどの２次元コードリーダーをかざすと、授業《じゅぎょう》のその部分の実際《じっさい》の様子が、動画で見られます。

授業の様子のダイジェスト版は、スマートフォンなどをこの２次元コードにかざして、ごらんください。

朝礼

三つの想像力《そうぞうりょく》でハッピーに

さあこれから、「想像力のスイッチを入れよう」というタイトルの特別授業《じゅぎょう》を、全国三か所の小学校で始めるよ。キミもぜひ、この本の中でいっしょに参加してみないか。

先生役のぼくは、元TBS《ティービーエス》テレビのアナウンサー。いろいろなニュースの現場《げんば》を訪《たず》ね、たくさんの人たちにインタビューをし、出来事をリポートする仕事を二十五年間もしてきたんだ。事故《じこ》の被害者《ひがいしゃ》の人から、「あなたにはわたしの気持ちは想像ができません。帰ってください！」と追いかえされたり、「よくおれのつらい事《じ》情《じょう》まで想像してくれたね。正確《せいかく》に報道《ほうどう》してくれて、ありがとう」と感謝《かんしゃ》されたり。後輩《こうはい》アナの中継《ちゅうけい》を見て、「パッと見りゃわかることばかり言うな、ちゃんと想像力《そうぞうりょく》を働かせてごらん」と助言することもあれば、先輩記者のリポートを見て、「よくここまで見方を広げられたなあ」と感心することもあった。

自分が実際《じっさい》に経験《けいけん》していないことを、外がわから見たり聞いたりしただけでほかの人に報告《ほうこく》するのって、ほんとうにむずかしい。その時に必要になるのが、情報《じょうほう》を集める取材力と、その情報を広げたり深めたり察したりする《想像力》なんだ。でも、じつはこれって、ニュースの仕事をするプロの人たちだけに必要とされる力ではない。ふだん家族やともだちと話をする時だって、想像力はたいせつだ。

最近はキミも、インターネットでいろんな情報を集めたり、それをＬＩＮＥ《ライン》やインスタグラムやツイッターで、ともだちに伝えたりしているんじゃないかな？　今はまだそこまでやっていなくても、学年が進めば、ますますそういう情報のやりとりは増《ふ》えていくはずだ。その時に想像力がたりないと、見聞きした情報を自分のせまい見方でゆがめて受けとったり、そのせまい見方をほかの人にもそのまま伝えて誤解《ごかい》を広めたり、という失敗をしてしまうかもしれない。

だから想像力《そうぞうりょく》は、キミがこれから生きていくうえで、とても必要な力になってくる。

なのに近ごろ、その想像力を使うのが苦手な子が、どうも増《ふ》えている気がする。

そこで、なんとかキミにも想像力のスイッチをオンにしてほしくて、ぼくが全国の小学校でおこなっているこの授業《じゅぎょう》を、こうして本で再現《さいげん》することにしたんだ。


キミたちがこれから人間社会をハッピーに生きていくために必要な想像力は、大きく分けて三つある。


まずなんといっても、**他者に対する想像力**。

これを失った社会では、みんなが自分のことばかり考えて、ほかの人の生き方や考え方をさっぱり理解できなくなってしまう。すると、キミがなかまになにか話しても、「は、なに言ってんの？」という無表情《むひょうじょう》な反応《はんのう》しか返ってこなくなる。

おたがいが他者に対する想像力《そうぞうりょく》を持っていれば、喜びあったり助けあったりはげましあったり、ときには忠告《ちゅうこく》をぶつけあって、もっといい生き方にたどり着くことができるはずだ。

つぎに、**情報《じょうほう》に対する想像力**。

これを失った社会は、たまたま見かけたインターネットの不確《ふたし》かな情報に、あっさり踊《おど》らされてしまう。気に入った情報にばかりハマって、べつの情報を受けつけられなくなってしまう。キミ自身が不注意な情報を発信して、取りかえしのつかない炎上《えんじょう》さわぎにまきこまれてしまう。

きちんと情報に対する想像力を持っていれば、人からなにか情報を小さな窓《まど》から見せられて「もう、これでまちがいない」と言われても、「ちょっと待てよ」と自分の頭の中で上下左右に窓を広げて、じっくり考えることができる。インターネットを、自分の思いこみを固める道具ではなく、思いこみをこわしたり、新しい発想にであうための道具として自由に使えるようになる。

そして最後の真打ちが、**未来に対する想像力《そうぞうりょく》**。

これを失った社会は、行きさきが決まらずにさまよう。もしキミがともだちに夢《ゆめ》を語っても、「アツいね～」と寒がられてしまう。みんな、「目の前にあるよさそうなこと」ばかりを選んで、将来《しょうらい》の世界、日本《にっぽん》、地元、自分の姿《すがた》がえがけない、つくれない。

しっかり未来に対する想像力を持っていれば、今は少しつらくても目標に向かって歩くことができる。百年後、来年、明日という未来に向かって、ワクワクしながら生きられる。理想を想像してがんばることも、最悪を想像してそなえることもできる。

キミたちが選ぶ社会は、想像力を失った社会だろうか？　それとも、想像力にあふれた社会だろうか？

もし、想像力《そうぞうりょく》がある方がよさそうだなと思うなら、さっそくトレーニングを始めよう。その方法はとってもかんたん。しなやかな頭、やわらかい心でいるためには、固くなった体をストレッチでほぐすように、頭と心の柔軟体操《じゅうなんたいそう》をすればいいんだ。

そういう授業《じゅぎょう》のことを「アクティブ・ラーニング（能動的《のうどうてき》な学習）」って言うんだ。先生から教わるだけじゃなくて、自分たちで考えたり発表したりする勉強スタイルのこと。楽しいよ！

だいじょうぶ。キミにはもともと、すばらしい想像力がそなわっているから。あとはただ、スイッチを入れるだけ。

では、一時間目の授業を始めよう！

浜田山駅
THING 1

一時間目

他者に対する想《そう》像《ぞう》力《りょく》を働かせよう

東京《とうきょう》都《と》杉並《すぎなみ》区《く》立《りつ》浜田山《はまだやま》小学校《しょうがっこう》の
六年生と、町歩きの
授業《じゅぎょう》に出かけるよ！

「想像力散歩」は浜田山駅前からスタート！
まんなかがシモムラ先生です。

「あの子、なに考えてんだかわかんない」

「わたしの思い、理解《りかい》してもらえない」

「どうしてアイツ、急にキレたんだろう」

「気まずくなるのがこわくて、正直な意見が言えない」

そんなふうに、まわりのともだちとうまく気持ちのキャッチボールができなくなることって、ないかな。

「べつにいいや、他人の気持ちなんて。わたしはわたし！」

無人島で一生孤独《こどく》にくらすと決めたなら、それでもいいよ。けど、もしこれからも社会の中で生きていくのなら、やっぱり心がバラバラでは、衝突《しょうとつ》が増《ふ》えるばかりでいごこちが悪くてしょうがないよね。

《他者に対する想像力《そうぞうりょく》》を身につけて、みんなが気持ちよくつきあっていける世の中をつくろう。

というわけで、一時間目の授業《じゅぎょう》では、なかまと「想像力散歩」に出かけることにするよ！

東京都内《とうきょうとない》、京王井《けいおうい》の頭線《かしらせん》の浜田山《はまだやま》駅前。ある土曜日の昼下がり、この駅の近くにある杉並区立浜田山小学校《すぎなみくりつはまだやましょうがっこう》の六年生十人が集まった。今からぼくといっしょに、駅前商店街からそのさきの住宅地《じゅうたくち》まで、わいわい話しながら散歩する。

全国どこでも、この「想像力散歩《そうぞうりょく》」はできるんだけど、今回は日本一の大都会・東京の子たちだ。二時間目に登場するような、ゆたかな大自然の中でゆったり育つ子たちにくらべて、なんとなく人間関係もストレスが多くて、《他者に対する想像力》なんてあまり使ってないイメージがうかぶかもしれないけれど——さて、どうかな？

今日は、だれもスマホを持ってない。持っているのは、自分の想像力だけだ。その想像力を思いきり引き出して、町のあちこちにかくれている「物語」を見つけて歩く。見なれた看板《かんばん》、落書き。だまって立ってる郵便《ゆうびん》ポスト。通りすがりの人、車、自転車。道ばたの草花や木にだって、みんなストーリーがあるんだから。

過去《かこ》があったから、今がある

まずは駅前の商店街。

いろんなお店が、はば八メートルぐらいの道の両がわにならんでいる。思い思いの服装《ふくそう》の人たちが、行きかう。徐行《じょこう》運転の車が、ときどきすれちがう。そんな様子をながめながら、ぼくからみんなへの第一問を出してみた。

「はじめの一歩」は、どうだったのかな？——看板《かんばん》を見上げて想像しよう

下村《しもむら》　道の両がわにたくさん看板が見えるでしょ？　どの看板もぜんぶ、いつか取りつけたから、今ここにあるわけだよね。たとえば、おでん屋《や》さんのあの看板。む

浜田山の駅前商店街は看板がいっぱい。

かし取りつけた時に、この店を始めた人が、それをはじめて見上げた瞬間《しゅんかん》ってかならずあるよね。「よーしっ」とか思いながら。

じゃあみんな、おでん屋《や》さんのご主人になりきって。今、ついに駅前に自分のお店ができました、というその時の気持ちに戻《もど》って。さあ、はじめて看板《かんばん》を見上げて、心の中でなんて言う?

いきなりたずねられて、みんな困《こま》ったような顔でシーンとしてしまった。そんな想像力《そうぞうりょく》のスイッチ、入れたことなかったから。今回の散歩は、いちいちお店の人に真相を取材して歩くのが目的ではないから（それもべつの機会にやってみたらおもしろいけれど）、ここは自分たちだけで想像力《そうぞうりょく》をどんどんやわらかくしていこう。

なかなかみんなが声を出さないので、ぼくが口火を切った。

下村　「ずいぶんたくさん借金したけど、ついに、この駅前の一等地に店が持てた。これからたくさんお客さんを呼《よ》んで、十年でこの町でいちばんのおでん屋にするぞ！」とかさ、そういうこと。お店の主人の心の中の言葉、だれかどう？

ハナ　「何年もつづくようなおでん屋さんにしたいな」

下村　いいね！　じゃ、なんでそう思ったんだろう？　その前、どこかで開店してすぐつぶれちゃった失敗経験《けいけん》があるのかな。この店が、その人にとっては何軒目《なんけんめ》かの挑戦《ちょうせん》なのかな？

そうやってさ、一個《こ》うかんだ言葉から、「……ということは」「……ということ

「はじめの一歩」はどんなだったかな……？

は」って、ぐんぐん想像《そうぞう》を広げていくといいよね。

あるひとつの材料（たとえば看板《かんばん》）からキミに思いうかべられる光景は、無限《むげん》にある。いちばん好調なシーン、どん底の場面、流れが変わった瞬間《しゅんかん》、平凡《へいぼん》なひととき……。その中でもオススメは、「はじめの一歩」を想像することだ。そこには、希望やチャレンジ、ワクワクやキラキラがいっぱいつまっていて、思いうかべるだけで力がぐーんとわいてくるから。

町じゅうの看板《かんばん》が、ぜんぶそんなキラキラ状態《じょうたい》で見えてきたら、その看板をかかげた人たちの集まりであるこの町が、今よりもっと好きになってくる。その中に生きてる自分も、好きになってくる。もしかしたら、道で知らない人とぶつかっても、笑顔《えがお》で「ごめんなさい！」という言葉が自然に出るようになるかもしれないよ。

社会の空気って、ひとりひとりの気分の足し算でできているから。どうせなら、暗くなる想像《そうぞう》より、まずは明るくなる想像で行こう！　そうすればだんだん、散歩するみんなの視線《しせん》もキラキラしてくるから。

マナ　あ、不思議な雑貨屋《ざっかや》さん。
下村　ほんとうだ、おしゃれな小ものがいろいろならんでる。
タイガ　はじめは、なんか自分の作品をちょっとだけ屋台みたいにして売ってたんだけど、だんだん売れるようになってきたから、店をつくってみたのかも。

下村　じゃあ、この店の看板《かんばん》をはじめて取りつけて見上げた瞬間《しゅんかん》、お店の人、どんなこと思っただろう？

ミリヤ　「つぎは渋谷《しぶや》とかにも店ができたらいいなあ」とか。

リョウタ　「もっと広げちゃおう」とか。

なるほど。屋台からこの店まで進化してきた、という過去《かこ》を想像《そうぞう》することで、もうつぎの発展《はってん》をねらっている、っていうお店の人の心の中の言葉がうかんできたんだね。

「店を持つ」って、たいへんなことだ。それだけを考えると、自分にはとてもできそうもない《特別な人》がしたことのような気がしちゃう。でも、タイガが思いうかべたとおり、ちょっと小ものをつくって屋台で売ってみるだけなら、自分たちにも、フリーマーケットとか学校の文化祭とかで、できるかもしれない。そこからだんだん進んでいったと想像すれば、《特別な人》と《ふつうの人（今の自分）》とのつながりが見えてくる。
これ、とってもだいじな想像《そうぞう》だ。国際《こくさい》会議とかオリンピックとか宇宙《うちゅう》ステーションとか、世界で活躍《かつやく》しているスーパースターたちも、ひとり残らず最初はキミとおなじ、ただの子どもだった。そこから少しずつ前に進んで、今の姿《すがた》になったんだ。テレビの中やネットの中という別世界に生まれた人じゃなくて。
千里の道も一歩から。そんな《過去《かこ》》を楽しく想像しよう！

つぎは、駅ビルの中の床屋《とこや》さん。お店の立地条件《じょうけん》としては最高だけれど、みんなが想像したのはべつのことだった。

下村　開店してはじめて看板《かんばん》を出した時、あの店の人は、なにを思ったでしょうか。

ケイイチロウ　「土地が高いね」「かせがなきゃ」って。

下村　たしかにここ、家賃《やちん》高そうだよね、駅ビルだから。それで「わあ、かせがなきゃ」って思ったのか。よく、そのたいへんさまで想像《そうぞう》できたね。でも、そういう想像、すごくいいと思うよ。「駅前に店かまえて、うらやましいな」じゃなくて、「わあ、ここの人、家賃でたいへんだろうな」っていう方が、なんか「応援《おうえん》してあげようか」って親しみがわくよね。想像力の向きがいいね、それ。

そう、想像力には《向き》があるんだ。これをなるべく前向きにしていくことが、ポイントだね。

だんだん、みんなの想像力のスイッチが、オンになってきた。想像の世界は、算数や理科のテスト問題とちがって、《○はひとつで、あとは×》ではないということに、気がついてきたんだね。そして、その○（正解《せいかい》）にも、いろんな形がある。きれいな円形もあれば、楕円《だえん》とか、ちょっとゴツゴツした○とか。ありふれたツルンとした円形よりも、むしろ少し個性的《こせいてき》な○の方が、印象に残ったりするから。「みんなとちがうこと言ったら、笑われないかな」なんてビビって、せっかくうかんだ自由な想像《そうぞう》にフタをしないようにね。

だんだん想像力の翼《つばさ》のはばが広がってくると、今までただだまって「そこにあるだけ」だったキミのまわりのものたちが、キミにメッセージを送ってくるようになる。といってもべつに心霊現象《しんれいげんしょう》とかじゃなくて、それはキミの眼力《がんりき》や感性がみがかれて、受信力が高まったからだ。

最初は「看板《かんばん》を見て」と言われたら看板を見るだけだったこの東京の子たちも、散歩が進むにつれて、自然にまわりのものにまで目がとまるようになっていった。

ミリヤ　なんか、そこに「侍《さむらい》」っていう落書きがあって。

リョウタ　前からあったよ。

下村　じゃあ、この落書きから想像《そうぞう》してみようか。なんで一文字、「侍《さむらい》」って書いたんだろう?

コウイチ　おっちょこちょいで、「待つ」って書こうと思ったけど、まちがえて。

下村　ハハハッ。あ~ここ、待ちあわせの場所だったわけね、駅近いし。

ケイイチロウ　「待ってるよ」みたいに書こうとしたら、「侍」って書いちゃった。

リオ　こりゃだめだ(笑)。

なぜ商店街に「侍」が？

この想像力《そうぞうりょく》の自由さは、いいね！
「侍《さむらい》」と書いた理由をみんなで想像しようとしたら、コウイチが「そもそもサムライと書いたつもりじゃないのかも」と、もうひと回り、発想のはばを広げてくれた。
人は、一度ある考え方の方針《ほうしん》を決めてしまうと、なかなかそこから脱線《だっせん》しにくくなる。でもコウイチのように、そんなことはおかまいなしに、のびのびとした想像力をフル回転させると、思いがけない可能性《かのうせい》が見えて、世界はぐーんと広がりはじめるよ。

リオ　あ、あの看板《かんばん》、親指がブルブルブルって。

下村　じゃあさ、今度は想像する場面を一歩前に戻《もど》して、この看板をかかげた時じゃなくて、つくる前の打ち合わせ風景を思いうかべてみようか。何人かで、たぶんまじめな顔して、「どんな看板にしようか」って相談してる。その時、どんな意見が出たと思う？

タイガ　だれか会議の途中《とちゅう》で、「なんか親指痛《いた》いな」って。

リョウタ　それで「えっ？　あ、この形、いいんじゃないの？」みたいな。

下村　痛かったから、この絵のように指を立ててみたの？（笑）

ミリヤ　それで、指のブルブルの線をなんかつくってみたら、「あ、いいじゃん」ってなった。

指が痛くなったり、ためしに落書きみたいに線を引いてみたり。一枚《まい》の看板《かんばん》の

親指のブルブル、どんな会議で生まれたの？

絵ができあがるまでに、いろんな出来事や思いつきがあったのかもしれないね。

絵だけじゃなくて、めずらしいデザインの建物とか、ユニークなファッションとか、心をゆさぶる音楽とか、画期的な新商品とか、気になる作品に出あった時には、そのゴールにたどり着くまでに作者たちが歩いた道のりを、あれこれ想像《そうぞう》してみよう。

「いきなり思いつきました」じゃつまんないし、実際《じっさい》そうかんたんじゃなかった可能性《かのうせい》、大アリだから。

たとえば、キミも勉強などで使ったことがあるかもしれない「ポスト・イット」。はってもかんたんにはがせる小さなメモ用紙は、なかなか便利だよね。でもこのメーカーの研究員は、そういうものをつくろうとしていたわけではなくて、たまたま「よくつくけれど、かんたんにはがれてしまう」変わった接着剤《せっちゃくざい》ができたんだって。

いろんな人に相談したけど、「はがれちゃう糊《のり》なんて」とだれも使い道を思いつかずに数年がすぎた。ところがある日、同僚《どうりょう》のひとりが教会で賛美歌《さんびか》を歌っている時に、歌集にはさんでいるしおりの紙切れが落ちた。何度も落ちるのでイライラして「ちょっとくっつく、しおりがあればいいのに」と思った瞬間《しゅんかん》、あの接着剤《せっちゃくざい》を使えると気がついた。

そこから「しおりとして使うだけじゃなくて、メモを書けたらいいな」とアイデアが広がって、会社の秘書《ひしょ》たちに「使ってください」と配ってみたら、大好評《だいこうひょう》。ついに商品として発売が決まり、今では世界の百五十か国以上で売られている。ポスト・イットにはそんな「道のり」があったんだそうだ。

「まずこんなハプニングがあって、それからこんなアイデアがわいて……」と《過去《かこ》》を思いえがくのって、ほんとうに楽しい。その時に想像した物語がキミの頭のかたすみに残っていると、いつか自分がなにかを実際《じっさい》に創造する時に、ふっとその場面が舞《ま》いおりてきて、キミにすてきなヒントを与《あた》えてくれるかもしれないね。

だまってなにを見てきたのかな？——道ばたの大木にたずねよう

《過去《かこ》》があったから、今がある。これは、人間や、人間がつくったものだけの話じゃないよね。動物にだって植物にだって、山にだって川にだって、今ここにこの姿《すがた》でいるまでの歴史があるんだ。

おや、道ばたに、ひときわ大きな木が一本生えている。

下村　じゃあ、この木で想像《そうぞう》しよう。この木は今までどんな景色を見てきたでしょう。そうとう長い年月だよ。

リオ　前はここらへんが畑だったと思う。

ケイイチロウ　そう。だから、どんどん発展《はってん》していく様子を見てきた。

リオ　木にインタビューする？

下村　あ、いいねえ。なにかみんな質問《しつもん》考えて。
リオ　「こんにちは。五十年前はどんな感じでしたか？」
下村　じゃあ、だれか木になって答えてください。
ケイイチロウ　「毛虫がいました」

「木に質問《しつもん》してみよう」大通りのすぐわきにある大木の下で。

下村　（笑）それ、今もいるでしょ。

コウイチ　けっこう枝《えだ》とか切られてるから、なんか痛《いた》い思いもしたんじゃない？

ミリヤ　むかし、ここらへんに住んでる人が、冷蔵庫《れいぞうこ》とかを買って、がんばって持って帰ってきたところを、見てたりとかしたんじゃないの？　テレビとかも。

下村　おっ、すごい想像《そうぞう》。はじめて買ったテレビ？

ケイイチロウ　そう。みんながテレビの前に集まってきて、ワーって。

リオ　「おいおい、こいつ勝つ、こいつ勝つ」

リョウタ　プロレスか。

よく知ってるね。昭和《しょうわ》三十年代、はじめてテレビがふつうの家庭に登場しはじめたころって、プロレス中継《ちゅうけい》は大人気だったんだよね。この部分はリオの知識《ちしき》だけれど、その場面がこの町でも見られたっていうのは、知識と自分の町とを結びつけた、楽しい想像だよね。

ここでひとつ、想像力《そうぞうりょく》のスイッチが入りやすくなるコツを、使ってみよう。ものごとって、両極端《りょうきょくたん》は想像しやすいんだよね。たとえばキミが、これからスポーツ大会に出場するところだったら、「三回戦で負けた時」の気持ちよりも、「劇的大《げきてきだい》逆転《ぎゃくてん》で優勝《ゆうしょう》できた時」のうれしさや、「大会直前にけがをして出られなくなった時」の悔《くや》しさの方が、想像しやすいでしょう?

この「両極端作戦」で、この大きな木についての想像も広げてみよう。

下村　じゃあ、この木が見てきたいちばん悲しい出来事って、なに?

ケイイチロウ　ここで交通事故《じこ》よくあるから。

リオ　飛びだして、目の前で。

下村　そういう時でも、この木、事故を止めたりけが人を助けたりできないから、悲しいだろうね。

リョウタ　「そこの少年、飛びだすな。危《あぶ》ない!」って心の中で叫《さけ》んでるだけで。

下村　じゃあ逆《ぎゃく》に、この木が見てきた、いちばんうれしいことはなに？

ミリヤ　雨宿りに使ってくれた。

マナ　この木の前で、「○○さん、結婚《けっこん》しましょう」、「いいですよ」。

下村　プロポーズがここであった？

ケイイチロウ　恋人《こいびと》がいて「やった〜」って思ってた人が、一瞬《いっしゅん》で別れて、ここにすわってて……。

下村　はあ、恋人どうしの出会いも別れも、この木が見てる？　何組見てるだろう。そうとう見てるんじゃないの？　この木がしゃべれたらなあ、ほんとうに、いろんな目撃《もくげき》してるよなあ。

たぶんこの木の長い一生の中で、今日のことも記憶《きおく》に残るだろうね。こんなにおおぜいの子どもたちが足もとに集まってきて、自分のことを話題にしてもらうなんて、今までなかっただろうから。

そんな、今この瞬間《しゅんかん》の木の気持ちまで想像《そうぞう》すると、思わずこの大木に向かって、ニヤリとハイタッチしたくなっちゃうよね。

そこにはきっと理由(ワケ)がある

ここまでは、散歩をしながら目にうつる看板《かんばん》や落書きや大木の《過去《かこ》》に思いをめぐらせることで、他者に対する想像力を広げてきた。

今度は、「なぜ、こうなってるんだろう?」と《理由》に思いをめぐらせてみよう。そんな入り口から入っても、世界がぐんぐん広がっていくよ。

なぜここに、この姿《すがた》で?――行きかう人や車を観察しよう

今度は、人を直接《ちょくせつ》観察して、その服装《ふくそう》や仕草や表情《ひょうじょう》を手がかりに、想像力の

スイッチを入れてみるよ。

LINE《ライン》やFACEBOOK《フェイスブック》などのSNS《エスエヌエス》が発達して、ぼくらは人と会わなくても、スマホやパソコンの画面上の、文字やスタンプのやりとりで、人づきあいをすますことができるようになった。けれどスマホの画面には、その人の服装《ふくそう》も仕草も持ちものも、表情《ひょうじょう》も口調も息づかいも、なにも表れない。写真や動画ならそれらが伝わるように感じるかもしれないけど、やっぱり小さな四角い画面に切りとられた範囲《はんい》だけでしか伝わらず、実際《じっさい》に会うのとはまるでちがう。

SNSの進化は、すばらしい。だけど、そんなやりとりばかりで相手を「わかったつもり」になるつきあい方になれてしまうと、いざ対面しても想像力《そうぞうりょく》のスイッチを入れようと思わなくなってしまう。そうなると、自分で勝手に思いこんだイメージだけで相手を見て、パサパサした浅い人間関係しか築《きず》けなくなっちゃうかもしれないよ。頭がカタまる前に、小まめに柔軟体操《じゅうなんたいそう》をして想像力をほぐそう。

下村　この商店街を歩いてる人たちは、みんなそれぞれ、なにかしら理由があって、今日ここを歩いてるわけでしょ？　その目的を想像《そうぞう》してみようか。

コウイチ　あっちに向かってる人は、駅に行って、どこか出かける人。

ケイイチロウ　さっきの駅前の床屋《とこや》さんに、髪《かみ》を切りにいく人かも。サンダルの人は、「あ、電池がない。そこらへんにコンビニないかな」って歩いてる。自転車の人は、ちょっと遠めのスーパーとかに行く。すごい遠い所、渋谷とかには自転車で行かないから。

下村　そういう人は、電車に乗るの？

ケイイチロウ　そう、靴《くつ》はいて。

下村　するどい。服装《ふくそう》からその人の行くさきを、なんとなく想像できるんだね。

こうやって人間観察に夢中《むちゅう》になってくると、つい見知らぬ人をジロジロながめすぎちゃったりするから、ほどほどにしよう。他人から見られるのをいやがる人は

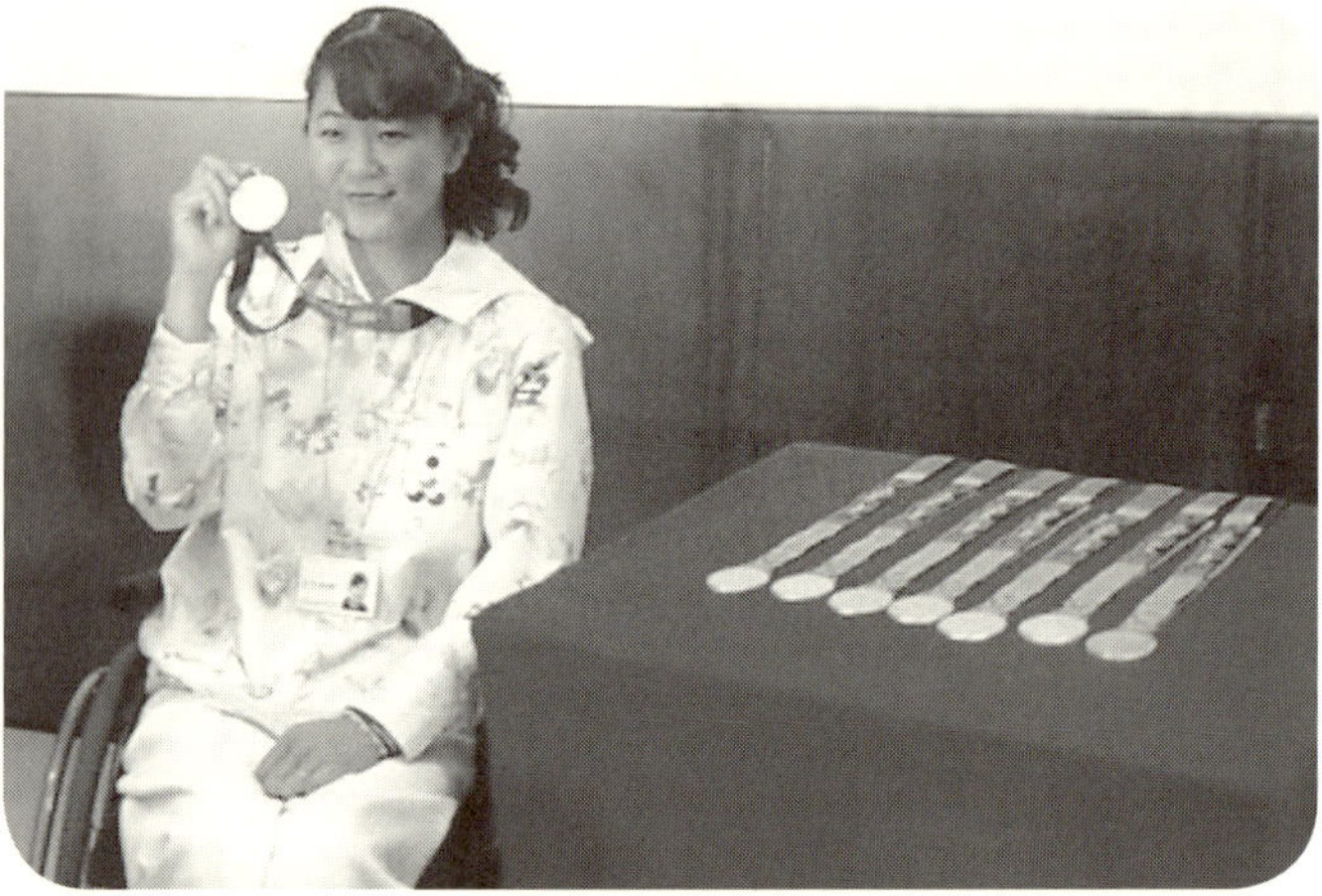

2004年10月、アテネパラリンピック後の記者会見にのぞむ成田真由美さん。

けっこう多くて、「眼（ガン）つけたな！」とか言って、見られたことだけを理由にして、ケンカが始まっちゃったりもするから。

でも、つねに《見ないふり》をおたがいにしあっていることだけが正解《せいかい》とはかぎらない。

パラリンピックの水泳競技《きょうぎ》で、金十五個《こ》、銀三個、銅《どう》二個と、ぜんぶで二十個もメダルを取っている成田真由美《なりたまゆみ》さんは、病気で車いす生活を始めるようになってからまだ日が浅い十代のころ、ぼくにこんなことを言っていた。

「車いすで外に出ていた時、通りかかった小さい子どもがわたしをジッと見たら、若《わか》いお母さんが『見ちゃだめ！』と言ってその子をしかったの。それがなによりショックだった。わたしは、見られてはいけない存在《そんざい》なの？　って」

好奇心《こうきしん》だけで無遠慮《ぶえんりょ》な視線《しせん》を向けるのは失礼だ、と考えたこのお母さんに悪気はないのだろう。だけど、そうやって極端《きょくたん》に目をそらしあっていると、困《こま》っている人を見かけて声をかけることもできなくなってしまう。適度《てきど》なあたたかいまなざしの交換《こうかん》にまで、フタをすることはないよね。

それになんといっても、《見て知って考える》は、想像力《そうぞうりょく》を働かせるための材料集めとして、とってもたいせつな基本《きほん》だから。

つづいてぼくらの「想像力散歩」は、大通りの歩道橋に向かった。上から横一列にならんで見下ろすと、かなりの交通量で、さまざまな車が走っていることがわかる。さっきの通行人たちとおなじように、車にも一台一台、みなここを走っている理由があるわけだよね。それを、想像《そうぞう》してみることにしよう。

下村　すごく大きい白いトラックが一台来るよ。あれ、なにを積んで、どこに行くんでしょう？　想像力のヒント。車のナンバープレートは「松本《まつもと》」でした、長野県《ながのけん》の。

リオ　キャベツ、キャベツ！

ミリヤ　リンゴ、リンゴ。

ユウゼン　ゴリラ。

下村　しりとりじゃないでしょ！（笑）なんで松本から来て、ここ浜田山を走っていたの？

リオ　都心の高級店に野菜か果物を運ぶ途中《とちゅう》。

下村　なるほどね。じゃあ、今来たそのトラックは？「ジェイアール東日本物流《ひがしにほんぶつりゅう》」って書いてある。

4車線の大通りを走る車を、歩道橋の上から観察すると……。

リオ　きっと切符《きっぷ》の材料の紙、運んでるんだ。
下村　今度は、あのトラック。
ミリヤ　多摩《たま》ナンバーだから、近くの用事。
タイガ　あれ、冷凍車《れいとうしゃ》だよ。
リオ　なら運んでいるのは、魚とかナマもの！

　にぎやかに想像《そうぞう》ごっこをしていると、サイレンを鳴らしていないパトカーが一台、ぼくらのすぐ下を通りかかった。歩道橋の上からコウイチが手を振《ふ》ると、なんと助手席のおまわりさんが、見上げて手を振《ふ》りかえしてくれた。こういう意外なことに出会うと、理由を想像《そうぞう》するスイッチが、カチッと入るね！

下村　パトカーのおまわりさんが手を振ってくれたけど、なんで？

ケイイチロウ　警察《けいさつ》のイメージをよくしたい！

リオ　めんどうくさかったから！

下村　え〜、めんどうくさいってどういう意味？

リオ　かまわれるのがイヤだから、「はいはい、やればいいんでしょ」って。

下村　はあ、やさしく手を振ってくれたわけじゃなくて、適当《てきとう》にあしらったってことか。おもしろいね、おなじ動きを見ても、ふたりの想像が逆向《ぎゃくむ》きで。ぼくの想像は、たぶん、あの手を振ったおまわりさんには、小学生くらいの子どもがいるんだと思う。そのくらいのお父さんっぽい歳《とし》だったから。それで、思わず反応《はんのう》したんじゃないの？

リョウタ　あ、子ども大好きで。

下村　そうそう。手を振《ふ》られて、自分の息子《むすこ》や娘《むすめ》を思いだしたんじゃない？

リオ　なるほど〜。

この「パパとしてのクセが出た」という想像《そうぞう》は、ぼくが実際《じっさい》にふたりの子を持つ父親だから、うかんだのだろう。小学生には、なかなか思いつけないかもしれないね。想像力って、じつはけっこう、その人のふだんの生き方からわきあがってきたりもするんだ。

ここで、ちょっと脱線《だっせん》。歩道橋の上から男の子たちが、高級な外車が走っているのを発見した。すると、「どうしたら自分は、あんな高級車に乗れるようになるだろう？」という想像を、みんなが口々にしゃべりだした。

ミリヤ　お金をかせぐ！

リオ　ゴルフで優勝《ゆうしょう》して、賞品の外車をもらう。

ミリヤ　玉《たま》の輿《こし》に乗る。

リョウタ　男も、乗るよ！

ケイイチロウ　金持ちの社長の娘《むすめ》と結婚《けっこん》すればいい。

下村　逆玉《ぎゃくたま》か。そんな他力本願な想像《そうぞう》しか出ないの、みんな（笑）。

ハナ　自分で会社を立ち上げる。

リョウタ　新しい納豆《なっとう》の発明。

ハナ　で、ノーベル賞を取る（笑）。

リオ　納豆の糸で、着物をつくる。なんか、納豆食べてて、一本だけヒラヒラヒラヒラって来て、それがけっこうちぎれなかったから、糸つくってみたいなあと思って。

リョウタ　でもさ、脱《ぬ》げないいんじゃねえの？

もう発想が自由すぎてわけがわかんなくなってきたので、以下省略《しょうりゃく》！　このような未来の自分を想像《そうぞう》するトレーニングは、この本の三時間目にじっくりやることにして、今は《理由》の想像力トレーニングに戻《もど》ろう。

つぎの場面は、バス停の前だ。

ユウゼン　あ、バスが来た。

下村　ちょうどいい。バスの乗《の》り降《お》りを見てみよう。今、バス停に十何人か人がいるでしょう？　っていうことは、ここには十何通りかの「生まれてから今日までの物語」がならんでるわけだ。

コウイチ　そうなんだ！

下村　すごいことでしょ、それって。だれも台本を書いてないんだよ。書いてないけど、全員、オギャーと生まれてお父さんお母さんがワァって喜んだ時から、今日までの物語がひとりひとりにあるわけ。ぜんぶちがうストーリーで！　それを想像しながらこのバス停の人の列を見ると、これ、すごい列だなあって思えてこない？
　じゃあ今度は、なぜ今この人たちはここでバスに乗ろうとしているのか、その理由を想像《そうぞう》してみよう。手がかりは、服装《ふくそう》や持ちものだよね。
下村　この人たち、バスでどこに向かうのかな。
ミリヤ　スポーツセンター？　動きやすそうな服を着てるし、スポーツに使うようなものを背負《せお》ってるから。
マナ　クラブ活動とかに行きそう。
下村　みんなおそろいのマークだから、おなじチームかもしれないね。じゃあ、その後ろの紙袋《かみぶくろ》を持っている人は？
リオ　デパート。
ケイイチロウ　買いものして家に帰る。

下村　後ろから二番目のスーツの女の人は、どうしてきちっとした服装《ふくそう》してる？

ケイイチロウ　就職《しゅうしょく》試験かな。

下村　あの人の表情《ひょうじょう》から、試験の結果どうだった感じ？

マナ　え〜、成功したかどうかちょっとわかんない、ビミョーな。

ミリヤ　「なんか今、ちょっと心配だなあ」みたいな。

下村　じゃあ、あと数日後に、笑顔《えがお》かしょんぼりかになってるわけだね。……はい、今、列がなくなって、みんなバスの車内に乗りこみました。このバスは、もう「物語のパッケージ」です！

どうやって思いついたのかな？——スゴ技《わざ》のひらめきにも、道筋《みちすじ》がある

ぼくらの目の前で乗車がおこなわれている間、バスの車体はひざまずくように少しだけ左がわに傾《かたむ》いて、出入り口を低くする体勢《たいせい》になっていた。そしてお客さん

運転手さんがスイッチを入れると、バスの左がわが低く傾《かたむ》き、お客さんが乗《の》り降《お》りしやすくなる。これが「ニーリングバス」だよ。

が全員乗りおえると、車体はまたシューッと持ちあがり、ふだんの水平姿勢《しせい》に戻《もど》って発車していった。こういうテクノロジー（技術《ぎじゅつ》）を目撃《もくげき》したら、ただ感心していないで、「どうして考えついたのかな？」と、理由を想像《そうぞう》してみよう。

下村　**今バスが発車する時に、低くなってた左がわがブワッと持ちあがったの見た？**

リョウタ　**ニーリングバス。人が乗《の》り降《お》りする時だけ、バスが片《かた》ほうの床《ゆか》を低くして、まあ人間でいうとこんな感じです**

ね（と言って片ほうの肩《かた》を大きく下げる）。

下村　くわしいね！　なんで、そういう技術《ぎじゅつ》を開発することにしたのか、想像《そうぞう》してみようよ。

タイガ　足が不自由なお年寄《としよ》りとか、荷物をいっぱい持っている人とかが、楽に乗れるようにするために。なるべくみんなの笑顔《えがお》が見たいから。

リョウタ・ミリヤ・リオ　いいこと言うねえ（笑）。

下村　じゃあ、バス会社の人は、なんでみんなの笑顔が見たいと思ったの？

ミリヤ　実際《じっさい》に困《こま》ってる人とかを見たから。

下村　バスの段差《だんさ》がのぼれなくて？　ああ、それがニーリングバスが開発されるきっかけだったかもしれないね。

ミリヤ　だから、そういう人を減《へ》らしたいなあっていうことで、バス会社の人が考えたんじゃないかな。

マナ　そういう人から苦情《くじょう》みたいなのがあったからかも。

下村　「なんとかしてくれ」と？

リオ　「きついんですよ」って。

下村　そうだね、両方ありうるよね。まだほかにも考えられる？　ニーリングが開発されたきっかけって……。

リオ　あ、たまたまバスの空気が抜《ぬ》けちゃって。そしたら、のぼりにくそうにしてたおばあさんがふつうにのぼれたから。

下村　ぐうぜん空気が抜けて、車体が低くなった!?　ああ、ほんとうに時々あるもんね、ぐうぜんが発明を生むことって。

ここまで、散歩しながら目にとまったいろいろなことの《理由》を想像《そうぞう》してきた。通行人の理由、行きかう車の理由、おまわりさんが手を振《ふ》る理由、バスを待つ理由、ニーリングバス開発の理由。

どれも、真相をつきとめるのが目的ではなかったけど、こうしていろんな想像をすることで、それぞれの人やものやことに対して、興味《きょうみ》が深まったよね。無関心でいるよりも、なんだかおもしろかったよね。それで本格的《ほんかくてき》に興味がわいたら、自分でほんとうのことを調べてみればいい。想像力《そうぞうりょく》は、そんな「知りたい」のきっかけにもなったりするよ。

だれかがこめた思いがある

《過去《かこ》》《理由》と想像してきて、今度は《思い》。ここは、頭というよりも、心で想像する部分かもしれない。

どういう中身が入ってるのかな？――郵便《ゆうびん》ポストで、相手の身になって

想像力散歩中のぼくらは、町じゅうどこにでもある「想像のタネがいちばんたくさんつまった赤い箱」に遭遇《そうぐう》した。町かどの郵便《ゆうびん》ポストは、一八七一年（明治《めいじ》四年）に郵便制度《せいど》がはじまってからもう百五十年近く、黙々《もくもく》とみんなの手紙を預《あず》かりつづけている、物語の宝石箱《ほうせきばこ》なんだ。

でも、LINE《ライン》やメールで連絡《れんらく》を一瞬《いっしゅん》ですませられる便利な時代に、どうしてわざわざ「手紙」というめんどうな方法を選ぶ人がいるんだろうか？　それを考えるには、実際《じっさい》に手紙を出してる人の身になって《思い》を想像《そうぞう》してみればいいね。

下村　さあみんな、この箱の中を想像しよう。ここには、どんな手紙が入っているでしょうか？

リオ　ラブレター！

下村　おっ、いきなり出た。どんな？

リオ　「大好き」みたいなことが書いてある（笑）。

下村　じゃ、そのラブレターは、何歳《なんさい》くらいの人が書いたと思う？

この中にはどんな物語が入っているの？

リョウタ　二十代後半か三十代。

下村　なんでその年代なのに、LINE《ライン》やメールじゃなくて、レターにしたの？

コウイチ　自分の字で書いた方が、なんか心が伝わるんじゃないかな。

ケイイチロウ　重要感がある。

ミリヤ　ふつうにLINEとかで告白されると、ちょっと薄《うす》っぺらい気がする。

リオ　すぐ文が終わっちゃうんだもん。

マナ　手紙だったら、いつまでも残る。まちがって消去とかしないように。

下村　そういう特長があるんだな、手紙は。

コウイチが言った「心が伝わる」っていう手紙のパワーは、ぼくもすごく実感したことがある。

一九九四年にオランダで、あるドキュメンタリー番組が大反響《だいはんきょう》を呼《よ》んで、世界各国のテレビ局から主人公のおばあさんに取材の申しこみが殺到《さっとう》したことがあった。当時TBS《ティービーエス》の報道《ほうどう》番組のキャスターだったぼくも、単独《たんどく》インタビューをお願いする手紙を日本語で書いて、それを現地《げんち》に住むコーディネーターさん（番組づくりを手伝う仕事をしてくれる人）がオランダ語に訳《やく》して、おばあさんの家に届《とど》けてくれた。そうしたら、やがてオーケーの返事が来て、ぼくはアムステルダムに住むおばあさんの自宅《じたく》におじゃまして話を聞き、それを日本で放送することができた。

その時、おばあさんにこう言われたんだ。

「もうマスコミに騒《さわ》がれるのはいやだから、あのドキュメンタリー以後、取材はぜんぶお断《ことわ》りしてたんだけど、あなたにだけ応《おう》じることにしたの。ほかのはぜんぶファックスや電話の申しこみだったのに、あなただけは手紙をくれたから」

これが、手紙の力なんだね。

それにしても、想像力《そうぞうりょく》ってすごいね。みんなは、このオランダでのできごとみたいな実体験をしたことがなくても、《LINE《ライン》と手紙の効果《こうか》のちがい》なんてとくに勉強したことがなくても、ただ手紙を書く人の身になってみただけで、さっきのようにスラスラと答えられちゃうんだから。

あ、だれかポストに手紙を入れにきたぞ。

下村　（小声で）ちょうど今、封筒《ふうとう》を入れてったあの女の人は、どんな手紙を投函《とうかん》したのかな？
タイガ　会社の面接《めんせつ》の書類。「よろしくお願いします」とかなんか。
下村　なんの面接の申しこみだろう？

ミリヤ　転職《てんしょく》。上司の人からいろいろ言われて、いじめられて。

下村　じゃあ、今ポストに手紙を入れた瞬間《しゅんかん》って、けっこうすごい人生のだいじな場面だったわけか。

マナ　なんか懸賞《けんしょう》に応募《おうぼ》したのかもしれないよ。

リオ　マスクメロンが当たりますようにって。

マナ　お父さんのビールについてるシールはがして、それを台紙にペタペタはりつけて。

一同　(笑)

下村　面接《めんせつ》じゃなくて、懸賞かい！　そのはりつけた台紙を、奥《おく》さんが出しにきたのかもしれないな。だから、ちょっと恥《は》ずかしそうに、そそくさと行ったのかな。

想像力《そうぞうりょく》のスイッチを入れるコツのひとつは、こうやって《ストーリーの枝分《えだわ》かれ》を楽しむことだ。ただ一本道を前へ前へと進めていくだけでなく、ある言葉が気にとまることがあったら、そこから気ままに横道に入ってみよう。リオが、ぼくが口にした「申しこみ」という言葉から、会社の面談ストーリーとはべつの方向……なぜかマスクメロンに、急に想像《そうぞう》ワールドを広げたように。

コウイチ　呪《のろ》いの手紙かも。

ユウゼン　それ、こわいよ。

ミリヤ　「おまえの家に行ってやる」とか。

下村　おっかない想像が出てきたぞ。ラブレターは幸せを運ぶけど、呪いの手紙は不幸を運んでいっちゃうからな。おなじポストという道具でも、使い方しだいなんだね。あとは？

ユウゼン　「宝《たから》くじが当たりました！　一等賞なんで、すぐ取りにきてください」

下村　あ〜、そういうドラマがここに入っていたらいいなあ！　郵便局《ゆうびんきょく》の車がつぎの集荷《しゅうか》に来るのは……三時五分か。三時五分に、ここからいろんな物語がつぎ

の場所へ向かいますってことだよね。

思いうかぶのは、いい物語ばかりとはかぎらない。「呪《のろ》いの手紙」みたいに、悪い想像《そうぞう》だってできてしまう。でもそんな時は、さらに想像を進めて、ピンチの乗《の》り越《こ》え方まで考えてみよう。《悪い想像》って、ピンチからの脱出《だっしゅつ》方法を考えるはじめの一歩だから、じつはけっこうたいせつなんだ。くわしくは、三時間目（147ページ〜）に。

どんな持ち主かな？——自転車置き場で、個性《こせい》を見よう

みんなで歩いていくと、大きな自転車置き場があった。百台以上はならんでいる。このようにおなじ種類のものがたくさんならんでいる場所で、ひとつひとつのちょっとしたちがいから、それぞれのストーリーを想像するのもおもしろい。さ

あ、「自転車」という大ざっぱなレッテルをはがしてみよう。

下村　はいみんな、ここにいっぱい自転車がならんでる。一台一台の様子から、その持ち主がどんな人か想像《そうぞう》して。

タイガ　この赤いの。最近なんか、若《わか》い人が乗ってるような自転車だから、流行に敏感《びんかん》な人が乗ってるというか。

リョウタ　こっちの自転車、カギをかけてないから、あんまり用心深くない人。

コウイチ　おっちょこちょいの人でしょ。かさを、こんなふうに置きざりにして。

下村　（笑）もしかしたら、すごく人を疑《うたが》わないタイプかもね。「ここに置いておいても、だいじょうぶ！」って。

ハナ　あそこの自転車、へこんでるじゃないですか。だから、ぶつけたりしたけど、そんなに気にしないタイプ（笑）。

リョウタ　でも、へこんでも愛して使ってるっていう、モノをだいじにする人かも

自転車には、乗っている人の個性《こせい》が表れるよね。

しれないよ。

リオ　「へこんだ形が、これ、超《ちょう》いいじゃん」とか。

「自転車」というレッテルだけではなにも見えてこないけど、じつはこうして百台の自転車がならんでいたら、きっと百人の持ち主の百通りの《思い》があるはずだ。

ぼくらはすぐ、「被災者《ひさいしゃ》は……」とか「中国人は……」とか「近ごろの子どもは……」とか、おおぜいの人がいる集《しゅう》団《だん》にたった一枚《まい》のレッテルをはって、その集団をひと言で理解《りかい》しようとしてしまう。実際《じっさい》には、「被災者《ひさいしゃ》」にだってひとりひとり異《こと》なる事情《じじょう》があるし、「中国人」にだっていろんなタイプの人がいるし、「近ごろの子ども」だってゲーム好きも読書好きもいろいろいる。大ざっぱなレッテルは、集団《しゅうだん》としてのだいたいの傾向《けいこう》をつかむのに便利なこともあるけれど、はった瞬間《しゅんかん》にひとりひとりに対する想像力《そうぞうりょく》のスイッチが切れやすいという、とても大きな欠点がある。

ひとりひとりへの想像をやめてしまったら、他者を深く理解《りかい》することなんて、できないよね。

なぜここに植えたのかな？――小さな草の前で、たちどまろう

車が行きかう大通り沿《ぞ》いをキョロキョロ歩いていると、ある家の庭の塀《へい》と歩道との間に、はば三十センチぐらいの細長いスペースがあって、そこに草花が植えられ

ていた。早足で歩いていると、みな気づかず素通《すどお》りしてしまいそうなところだけど、こんな町のかたすみにも、人の《思い》はこもっている。

細長い小さな庭にさく花を見て、キミはなにを感じるかな？

下村　見て、見て。こんなせまいところに、草を植えて育ててるよ。どんな人がやってるんだろ、これ？

コウイチ　きちょうめんな人。

タイガ　お年寄《としよ》り。

ケイイチロウ　若《わか》い人だったら、もっとピンクにしたりするから。

ミリヤ　通る人がいっぱいいるから、農薬とかまかずに、自分で雑草《ざっそう》とか取って。

下村　なるほど、気を配れる人なんだね。じゃあ、この花に水をやる時、どんな声をかけてるでしょう？

リョウタ　「大きくなってね」

ミリヤ　「きれいになってね」

ケイイチロウ　「こんなせまいところでごめんね」

下村　この草花たち動かないから、あんまりせまいとか感じてないかもしれないけどね。

アスカ　うん。

下村　でも、この人さ、なんで塀《へい》の内がわの庭じゃなくて、外の歩道がわに植えたんだろう？

リオ　みんなに見てもらうために。

コウイチ　陽当《ひあ》たりがよかったから。

ケイイチロウ　種とかが飛んでいくように。

この時のぼくらの様子って、ほかの人たちから見たら、ちょっとヘンだったかもしれない。とくにめずらしいものもない場所で、大通りの歩道で十人ぐらいがたちどまって、草を見ながら熱心に話してたんだから。

みんなは、詩人で画家・星野富弘《ほしのとみひろ》さんの、「たち止ってていいんだよ」で始まる左の詩を知ってるかな。

たち止って いいんだよ
ふり返って いいんだよ
そこに美しいものを
見たのなら
すわりこんで
ずうっと見ていて
いいんだよ

『速さのちがう時計』（偕成社）より

ぼくはこの詩が大好きで、少しでも「たちどまる」ことをたいせつにしてるんだ。人目が気になってたちどまるのがはずかしいなら、歩きながら想像《そうぞう》の中でもいいから、今見たものを「ずうっと」見ていよう。ひとりならだまって頭の中で、ともだちといっしょなら今みたいな想像トークをしながら、歩けばいい。

どう考えているのかな?——大木と塀《へい》の気持ちを、思いうかべよう

住宅地《じゅうたくち》のせまい道を歩いていると、一か所だけコンクリートがボコッとふくらんでいる不思議な塀を、マナが指さした。塀のすぐ向こうがわに立っている大きな木が、成長してじわじわ太くなって、塀を道路がわに押《お》し出《だ》しているのだ。

リオ　ここではよくね、「がんばってるね」って言うの。木の力がすごいから。

下村　必死になってコンクリートが耐《た》えてるけど、もうヒビが入ってる。

リョウタ　こわれるまで、時間の問題だよ。もうすぐバーンってなるね。

下村　ちょっと想像《そうぞう》して。「この塀を今こわそうとしてることについて、おまえ、どう考えてるんだ?」って聞かれたら、この木はなんて答えるだろう?

タイガ　「塀がじゃま」

マナ　「そもそも、おれの方が先輩《せんぱい》なんだから」

ミリヤ　「育ちたい。もっと生きたい」「離《はな》れろって言われても困《こま》る」

下村　たしかに、木は塀《へい》から離れられないもんなあ。

他者の《思い》を想像《そうぞう》する時にだいじなことは、だれかひとりの立場だけを考え

木の力で塀がこちらがわに押《お》されている。

ない、ということだ。Aという立場の人の思いを想像《そうぞう》したら、かならず、Bの立場の思いも考えてみる。もし、関係者がもっと多いのなら、CやDの胸《むね》のうちも想像してみる。そうすることで、平面的に見えていたものごとが、どんどん立体的になってくる。さっそくここでもやってみよう。

下村　じゃあ今度はさ、塀《へい》の立場にたって、言い分をだれか言って。

リョウタ　「イテテテ、イテテテ、痛《いた》いよ。もうこの体勢《たいせい》きついんだから」

下村　ずっと耐《た》えてるもんなあ。一秒一秒、じわじわ押《お》されて痛みが来てるよね。

ミリヤ　「そこ、だめだめ、そこだめだよ」

下村　でもさ、塀としてはさ、木の成長をじゃましている自分が申《もう》し訳《わけ》ないとも思ってるんじゃないの？

コウイチ　いや、でも、この原因《げんいん》をつくった人間に対しての怒《いか》りが。

ケイイチロウ　「なんでこんな、木に近いところにつくったんだ！」

マナ「なんでおれがこわされなきゃならないんだよ」
リオ「こっちが困《こま》るんだよ」

両者の立場の想像《そうぞう》は出そろった。だけど、ここで思考停止にならないで、さらにもう一歩、想像をさきに進めるとどうなるか。

下村 じゃあ、今ここで塀《へい》と木が話しあったら、どういう結論《けつろん》になるの？
一同 人間が悪い！
下村 それで、話しあいの結果、最後はどうなるの。
ケイイチロウ「塀がバーンとこわれる時に、人間飛ばしちゃえ」って。
下村「こんなに木の近くに塀をつくった人間を、こらしめてやる！」ってこと？
ケイイチロウ そのつくった人間が通りかかるのを待ってる。
リオ「もうちょっとで来るぞ、来るぞ。おい、今だ！」

下村　なるほど。じゃあ今は、「ちょっと待て、この子たちはちがう！」とか言って、はじけないようにこらえてるのかな？

リョウタ　「関係ない人を巻《ま》きこみたくないんだぁぁ！」

この場面の想像《そうぞう》は、「木が悪いのか、塀《へい》が悪いのか」から始まって、ぼくたち「人間が悪いんだ」という思わぬ結論《けつろん》につながった。こうやって、他者への想像を広げていくうちに、「他人ごと」だと思っていた話が、意外と「自分ごと」でもあると気づいたりするんだよね。

たとえば外国で、貧《まず》しくて学校にも行けずに、すごく少ない給料で工場で働かされている子どもたち。かわいそうになあ……と思いながら、そこでつくられる製品《せいひん》はどこに行くんだろう？　と考えてみたら、案外ぼくたちが「もっと安く、安く」と値段《ねだん》を下げて買っている張本人《ちょうほんにん》だったりするのかもしれない。この世の中で起きていることは、視野《しや》を広げていくと、どこかでつながってくるものなんだ。

まとめ――教室のいじめも、世界の戦争も

下村　はい、今日はおつかれさまでした！　みんな、もうバンバン想像《そうぞう》しまくりだったね。都会っ子たちの想像力は、ぜんぜん枯《か》れてないことがわかったよ。

一同　楽しかったです！

リョウタ　何年も何年も歩いてきた商店街なんですけど、今まで気づかなかったことに気づけたなあって思いました。

マナ　気づいてたこともあったけど、それをくわしく話しあえたし。

下村　見つけたささを、すごいみんなが広げたよね、想像で。もうそこらじゅうにあったでしょ、物語が。電車に乗ったら、となりの席の人にもかならず物語があるから。それを想像すれば、「今日はゲームを持ってないから、やることなくて退屈《たいくつ》だな」なんてことは、ぜったいにないから。

今日の散歩を思い出しながら、みんな、ふとなにかに目がとまったら、想像力《そうぞうりょく》のスイッチを、カチッとオンにしてみてね。そうすると、このまま楽しい大人になれるよ。大人になってつまんなくなる人は、想像力がさびついちゃった人だから。キミたちは、楽しくて、しかも他者にやさしい大人になってね。今日の散歩を始めた二時間前よりも、今はそんな大人に一歩近づいたはずだから。

——以上で、一時間目の授業《じゅぎょう》は終了《しゅうりょう》。きっとこの浜田山小の十人は、そしてこの授業を読むことでなかまに加わったキミは、これからも目をキラキラさせながら、想像力散歩をしつづけていけるだろう。

数日後、散歩中ずっと静かにニコニコしていたアスカから感想が届いた。

「いつもは気にしないところにも、おもしろいものがたくさんあって楽しかったです。自転車の形やカギのかけ方などから、その人の性格《せいかく》まで想像できてしまうのが

すごいと思いました。今度から、電車やバスの中などでも、いろいろな人を見て『この人は○○が好きかな』とか想像《そうぞう》してみたいと思いました」

ワイワイしゃべっていなくても、アスカはちゃんと頭や心の中で、想像していたんだね。にぎやかな子でもおとなしい子でも、自由にのびのびと世界を広げられる。それが、想像力のすてきなところだ。

相手の気持ちがリアルに想像できたなら、おもしろ半分にだれかをいじめるなかまに加わることなんて、苦しくてできないよね。

そこに住んでいる人たちのあたりまえの幸せなくらしを想像できたなら、その国にミサイルを撃《う》ちこむことなんて、とても賛成《さんせい》できないよね。

毎日の学校生活にも、世界のむずかしい問題にも、《他者への想像力》が活躍《かつやく》できる場面はたくさんある。あとは、ぼくたちみんなが、想像力のスイッチを入れられるかどうかだ。

一時間目のおさらい

《他者に対する想像力《そうぞうりょく》》のスイッチを入れるコツ

●「はじめの一歩」を想像して、《特別な人》と《今の自分》をつなげてみよう。

●見たものに感心したら、作者がそれをつくりだすまでの道のりを想像してみよう。

●「いちばんうれしかったとき」など、「いちばん」の場面から想像を始めてみよう。

●「……ということは」で想像を進め、自由に物語を広げてみよう。

●相手の身になって、レッテルをはがして、たちどまって振《ふ》りかえって、想像してみよう。

こうして、周囲のリアルな人間やものごとに対する想像力《そうぞうりょく》がいきいきとふくらむようになってきたら、今度はそれを、インターネットやテレビ、新聞などをながめる時にもいかしてみよう。文字や動画でどんどん運ばれてくる情報《じょうほう》を、鳥の巣で親鳥が運んできてくれるエサを待っているヒナのように、そのまま大きな口をあけて飲みこむんじゃなくて、想像力を働かせて広げてみて。

これができるようになると、「ネット情報に踊《おど》らされた」なんていう失敗を、確《かく》実《じつ》にへらせるようになるんだけど、そのコツは、つぎの二時間目で！

二時間目

情報《じょうほう》に対する想像力《そうぞうりょく》をきたえよう

高知県四万十町立七里小学校《こうちけんしまんとちょうりつななさとしょうがっこう》の
五年生と、川のほとりで
野外授業《じゅぎょう》だよ!

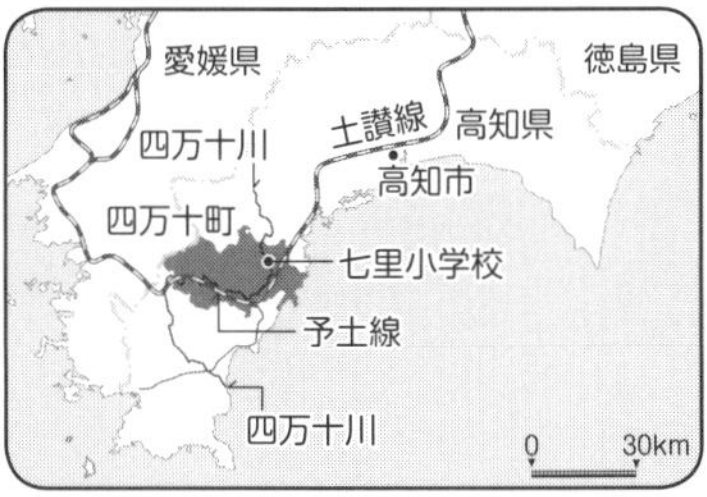

野外授業《じゅぎょう》は、ときどき遊びにくる一斗俵《いっとひょう》沈下橋《ちんかばし》（右ページ）のたもとで。

一時間目は、情報《じょうほう》に囲まれた都会っ子たちと《他者に対する想像力《そうぞうりょく》》のトレーニングをした。二時間目はガラッと舞台《ぶたい》を変えて、緑に囲まれた自然っ子たちと《情報に対する想像力》をきたえよう。

一時間目の「想像力散歩」とちがって、今度はイスにすわって聞く形の授業《じゅぎょう》なんだけど、ちょっと仕掛《しか》けを考えているから、教室の中ではやりにくい。校庭とか、校舎《こうしゃ》の屋上とか、どこかまわりの景色を見渡《みわた》せる場所がいい。

そこで訪《おとず》れたのが、四国《しこく》の高知県《こうちけん》を流れる四万十川《しまんとがわ》のほとり。清流として有名な四万十川のところどころには、前のページの写真のような「沈下橋《ちんかばし》」と呼《よ》ばれる手すりのない低くて小さな橋がかかっていて、自然の風景の中に溶《と》けこんでいる。そんな沈下橋のすぐわきの空き地で、野外教室をやってみよう。

この橋の近所にある四万十町立七里小学校《しまんとちょうりつななさとしょうがっこう》は、五年生がぜんぶで九人の小さな学校で、その九人全員が丸イスにすわって、授業の準備《じゅんび》は整った。目の前には、深緑色にすんだ静かで美しい川。「夏にはこの橋から川に飛びこんで遊ぶんだよ」

と男の子たちが言う。まわりはグルリと緑深い山々。山と川の間のわずかな平地も田んぼや畑になっていて、建物はポツリポツリと見えるだけ。

東京《とうきょう》から来たぼくにとっては、感激《かんげき》するほど気持ちいい風景だ。ときどきブーンとハチが飛んでくるけれど、なれている子どもたちはだれも騒《さわ》がず、ハチはまた飛びさってゆく。そんな環境《かんきょう》の中で、《情報《じょうほう》に対する想像力《そうぞうりょく》》のスイッチを入れる授業は始まった。

ひとつひとつの情報は、小穴《こあな》からのぞいた景色

メディアってなに？　紙をくりぬいて実験しよう

下村《しもむら》　今日は「メディア」の話をするんだけど、「メディア」って、聞いたことある？

ムツキ　「メディア」ってなに？

下村　ざっくり言うと、情報《じょうほう》を運んでくれる道具のこと。情報って、どんな道具でみんなのところに運ばれてくる？　たとえば、すぐに思いつくのは、テレビだよね。「今台風が近づいてます」とか、「このお店のラーメン、おいしいですよ」とか。あと、なにがある？

シュウト　パソコンです。

ムツキ　新聞。

シュウト　携帯《けいたい》？

下村　携帯、スマホ。みんな持ってるの？

ケンヤ　持ってない。

シュウト　お母さんから情報は教えてもらう。

下村　あと、雑誌《ざっし》は読む？

シュウト　読まないです。

「メディア」にはいろいろあるよね。

下村　そうか。じゃあ、学校の情報《じょうほう》はどうやって知るの？

アスト・ムツキ　手紙とか。

シュウト　プリント。

下村　学校で配られるプリントだって、「メディア」だよね。「今度、いついつ、シモムラ先生の授業《じゅぎょう》あります」とか。あと、学校の廊下《ろうか》を歩いていても、情報が得られるよね。

コノカ　ポスター。

下村　そう、ポスターもメディアだね。あと、大きな災害《さいがい》があった時に停電したりすると、パソコンもだめ、テレビもだ

め。そういう時は、けっこうラジオが頼《たよ》りになる。そういうものをみんな「メディア」って言うんだ。

メディアはたくさんの情報《じょうほう》を運んでくる。ものすごい量だから、それは「情報の洪水《こうずい》」と言ってもいいぐらいだ。とくにパソコンやスマホから入ってくるインターネットの情報は、正確《せいかく》なものも不確《ふたし》かなものも、休みなく届《とど》けられるから要注意だ。

ぼくたちはそんな「情報の洪水」におぼれないようにしなくてはならない。しっかりとふんばって、ひとつひとつの情報に向きあえるように意識《いしき》しよう。それにはまず、こんな実験から。

下村　みんなが持っているこの紙を、ふたつに折って、まんなかを小さくちぎってもとどおりに開いて、窓《まど》を開けよう。図工の時間じゃないから、ぴったり四角くな

窓から景色をのぞいてみると……。

くてもだいじょうぶ。あ、うまい、うまい。そういう感じ。

シュウト　大きくなりすぎた。

下村　ユキノ、丸っこい窓《まど》がかわいいね。はい、じゃあ、この窓が、外の情《じょう》報《ほう》をみんなに届《とど》けてくれるメディアだと思ってください。この紙を、両ひじを伸《の》ばして持とう。ひじを曲げて紙を目に近づけちゃうと、窓から見える風景が広くなりすぎるから、両ひじはピンと伸ばしてよ。それで、まわりの景色の中から自分で「ここ見よう」と決めて、その窓から見てみる。

ヒロト　小《ち》っちゃい。

下村　で、いい？　今みんなのまわりに見えている全体の景色のことはいったん忘《わす》れて、それぞれの小窓《こまど》から見えている景色だけに注目して、テレビリポーターみたいに、「自分は今どういう場所にいまーす」っていうのを言葉にしてみよう。そのあと、自分のホワイトボードに書いてもらうからね。

イチゴ　決めた。

下村　いいねえ。今見えているものを人に伝えるために言葉に変えてるでしょ。すると、それは《情報《じょうほう》》になるんです。だからみんなは今、情報をつくっているところなんだよ。

では、美しい大自然の中、あちこちの方向に紙の小窓を向けてのぞきこんでいた七里の子どもたちのリポートを、順番に聞いてみよう。それにつづくぼくのコメントは、そのリポートを聞いたふつうの人が、思いうかべるだろう景色。べつに意地悪じゃなくてね。

小《こ》穴《あな》リポートは、どう伝わるか

シュウト　ぼくは❶雨が降《ふ》りそうな雲が見えて、電線も見える場所に来ています。

下村　四万十川のそばにいるのに、そのリポートだけ聞くと、もっと町の中、たとえば高知の駅前にいるみたいだね。おもしろい。ふつうの町中でも見られそうな風景が、シュウトが窓《まど》から見えたものを言葉に変えた、ここの情《じょう》報《ほう》でした。

コノカ　わたしは❷竹やぶがたくさん見えるところにいます。竹は、緑色や、少し黄色っぽい色がほとんどです。

下村　あ、ここは竹やぶなんだ。よく見てるよね、「緑色や、少し黄色っぽい色」とか、正《せい》確《かく》だよね。でも、ここの風景全体から見ると、竹やぶはあそこのほんの一部分だけだよね。

まわりを手でかくして、それぞれの小窓の中だけ見てみよう。その番号のリポート通りだよ。

四万十川の景色。

ケンヤ　ぼくは③高くて柵《さく》のある橋がかかっている川に来ています。

下村　あ、今日の七里小の授《じゅ》業《ぎょう》は、高くて柵のある橋のそばでやってるのかな？　ケンヤは、車が通るあっちの大きな橋を見たんだ。あっちの橋を小窓《こまど》から見ると、ほかのものは見えないから、そういうリポートになっちゃう。ホントは、「低くて柵がない、沈下橋《ちんかばし》のすぐ前にいる」のに

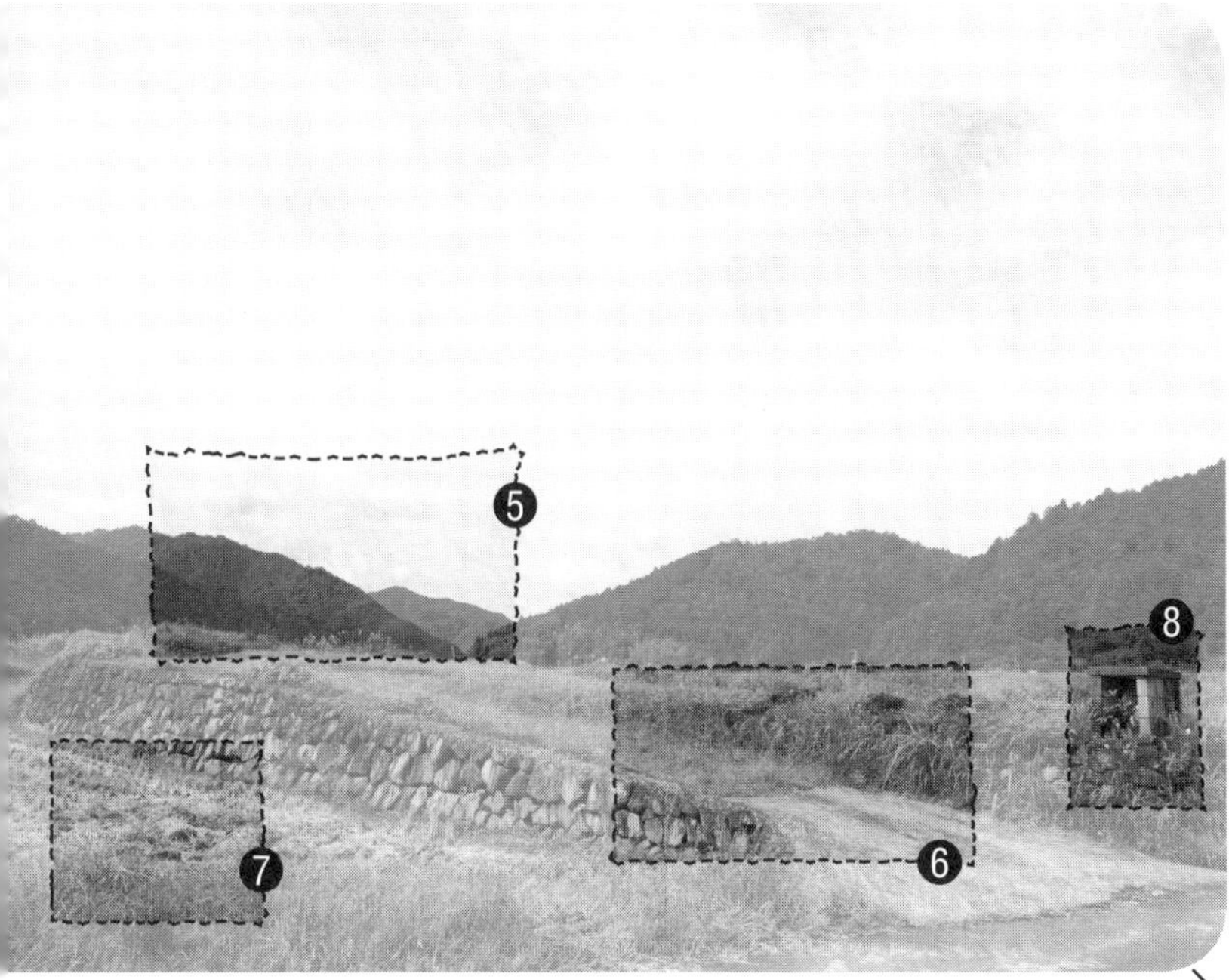

山側の景色。

この写真の右手前に、ぼくたちが乗ってきた車がとまっている。→❹

ね。

ムツキ　ぼくは❹駐車《ちゅうしゃ》している三台の車の目の前にいます。

下村　スーパーの前かなんかの、駐車場にいるのかな。

ヒメノ　わたしは今❺大きい山がふたつある場所にいます。山は緑色や黄緑色がいっぱいです。

下村　いいね、細かい描《びょう》写《しゃ》。すごく情報《じょうほう》がいっぱい入ってる。目を閉《と》じて、今のリポートを聞いていたら、山あいの自然の中にいる感じが思いうかぶよね。でもまさか、目の前にかの有名な四万十川が流れているとは、だれも思わないよね。

ヒロト　ぼくは、❻石垣《いしがき》の上に田んぼがある場所にいます。苔《こけ》がはえている石や、草で見えない石や、きれいな石があるところです。

下村　いろんなものが見えたね。

ユキノ　❼今田んぼが見える場所にいます。

下村　一面の田んぼの中にポツンとユキノがいるのかな?

イチゴ　ぼくは、❽お地蔵《じぞう》さんの前にいます。お地蔵さんの前には、お供《そな》え用《よう》の葉っぱがあります。

下村　どこか、お地蔵さんが立っている道ばたにいるのかな?

アスト　❾山と、にごっている川があって、その前に草があるから、山奥《やまおく》深く行った場所のように見える。

下村　そうか。小窓から見た景色が草ぼうぼうだったから、山奥《やまおく》だと感じたんだ。

さてと、どうだった？　九人のリポートを聞いてわかったと思うけど、だれもそついてないでしょ？　みんな、なにも知らない人にほんとうのことを情報《じょうほう》として伝えようと思って、一個《こ》もうそは言ってない。だけど、それぞれの小窓《こまど》から見た情報だけだと、聞いた人は、この四万十川の川べりのほんとうの景色とは、かなりちがったイメージを受けとっちゃうよね。

こういうことが、ふだんの情報の世界でも、じつはたくさん起きている。二〇一一年に起きた東日本大震災《ひがしにほんだいしんさい》の被災地《ひさいち》に、ほかの地方からボランティアで入った人たちは、口々に「テレビで見て思いうかべていた様子と現実《げんじつ》はぜんぜんちがう。自分はまったく現実のひどさがわかっていなかった」と言っていた。どんなにメディアががんばって、あの被災地全体の様子を伝えようとしても、やっぱり小窓から見える一部分しか、ほかの地方の人には伝えられなかったんだ。見えてるものすべてを伝えるって、どうしてもムリなんだよ。

キミはこれから、新聞を読んだり、テレビでもむずかしいニュースを見たりするようになるし、インターネットももっと使うようになる。でも、それらの情報《じょうほう》は、今七里小のみんながリポートしたのとおなじで、「自分の小窓《こまど》から見て知ったこと」にすぎないのかもしれないんだ。

だから、それだけを信用して「ああ、こういうことか」と思いこんじゃうと、もしかしたら、あとで「え？ なに？ ちがうじゃん」と、とまどうことになるかもしれない。では情報って、どうやって受けとめたらいいんだろう。

下村 ここからが、想像力《そうぞうりょく》の出番だ。自分が手に入れた情報を、「待てよ。ネットにはこう書いてあるけど、ともだちはLINE《ライン》でこう言ってるけど、これでぜんぶかな？」って考えて、想像力で広げてみよう。

でも、どうやって広げたらいいのかな。

ぼくも最初はわからなかったんだ。テレビ局でニュースの仕事をやっていた時も、事件《じけん》の現場《げんば》で「わたし、これ見ました」って言われても、その人が見たのは小《こ》窓《まど》の中の一部かもしれないって、ずっとなやんでいた。

「どうしたらリポートする時に、この人が言ったことだけを話すのではなくて、もっと全体像に近い姿《すがた》を伝えられるだろうか」

と考えているうちに、だんだん、ふたつのコツがつかめてきた。

「待てよ、《ほかの見え方もないかな？》」

「待てよ、《かくれているものはないかな？》」

このふたつのことばを、自分の中でおまじないのようにつぶやくんだ。

ふたつのおまじないは、似《に》てるようでちがう。

《ほかの見え方もないかな？》っていうのは、自分の小窓の中にあるそのものについて、ちょっと見方を変えてみる方法。一方、《かくれているものはないかな？》はまさに、「手に持った紙でかくれている部分に、もしかしたらべつのものもあるんじゃないかな」と考える方法なんだ。

《そのもの》について見方を変えるのと、《べつのもの》を考えるのと。このふたつのことができるようになると、新しい情報《じょうほう》に出会った時に、そうかんたんには振《ふ》りまわされないってわかったんだ。

授業《じゅぎょう》では、ここからまたみんなに体を動かしてもらうけど、その前にもう少しだけ話を聞いて。

このふたつのおまじないを知らないと、どうなるか。キミは、どんなことでも情報を聞いたとたんに、「あ、そうなんだ」と信じちゃう。その情報がまちがっていた時に、「なあんだ、ちがったのか」だけですめばいいけど、もしキミがもう「○○さんが悪いことしたんだって」という正しくない情報をバーッと言いふらしちゃってたとしたら、○○さんに申《もう》し訳《わけ》ないでしょう？　その時に、「いや、自分は悪くないよ。自分はただ聞いたことを広めただけだよ」と言っても、やっぱり情報が正しいかどうかを確《たし》かめないで広めたキミにも、責任《せきにん》があるよね。

うのみにしないで――ほかの見え方もないかな?

では、今自分が見ている以外の「見え方」って、どうすれば発見できるんだろう? その方法はたくさんあるんだけれど、今回の授業《じゅぎょう》では、代表的な三つのやり方を実験してみよう。

《立場》を変えて見る。

《重心（なにをだいじに思うか）》を変えて見る。

それから、《順番》を変えて見る。

こういう作業をやっていくうちに、さっきまで気づかなかった「あ、こんな見え方もあるぞ」っていう発見ができるようになるんだ。キミも七里小の子たちといっしょに、ひとつずつ体感してみようか。

まずは、「《立場》を変えて見る」から。

① 立場を変えると、逆回転《ぎゃくかいてん》!?

下村　まず、空に向かって、人差し指を立てて、その指を見つめます。それで、その人差し指を時計の針《はり》とおなじように、右回りで回す。そして、羽をクルクル回しながらヘリコプターが徐々《じょじょ》に高度を下げてくる感じで、指のクルクルを水平にたもちながら胸《むね》の前まで下ろしてくる。で、もう一回その指の回転を見て……時計と反対に回ってない？

ムツキ　ん？？

コノカ　ん？？

下村　あれ（笑）、なんで？　どこで逆になったの？

ヒロト　えっ？？

シュウト　えー、ほんまや。

「指先を、時計とおなじ右回りで、クルクルクル……」

下村　ふしぎだね。おかしいよね。ぜったい途《と》中《ちゅう》で指の回転変えてないよね。もう一回見て。胸《むね》の前まで来たら……反対回り。なにが起きたの、今?

ヒロト　なにか変わったような気がする。

下村　どうしてか、わかった?「指の回転方向」という《出来事》は、なにも変わっていないよね。みんなは最初、頭上の人差し指を《下の立場》から見てた。で、最後は、胸《むね》の前の人差し指を

《上の立場》から見てた。

立場を変えると、ものごとって、こんなにちがって見えるんだよ。ワイドショーとかで、ふたりの人がぜんぜんちがうこと言ってて、「真実はひとつなんだから、どっちかがウソをついてます」なんてコメンテーターが言ったりしても、そんなことないからね！　正反対の内容《ないよう》だけど、ふたりともホントのことを言ってるってことは、いくらでもあるから。立場がちがうと、ものってちがって見えるんだよ。

だから、キミもこれからいろんな情報《じょうほう》に触《ふ》れていく中で、たとえばおなじ出来事について、ともだちどうしがぜんぜんちがうことを言っていたら、「どっちがウソついてるんだよ？」って言う前に、今の「指クルクル」を思い出して。もしそのふたりがちがった立場からその出来事を見ていたのなら、「どっちもほんとう」っていうことはありうるから。このことは、しっかり覚えておこう。

さてここでもう一度、さっきの小窓《こまど》の開いた紙を持ってもらおう。

下村　小窓《こまど》から、今度は目の前の沈下橋《ちんかばし》を見てみよう。で、さっきのように、この橋についてなにかひと言リポートして。ただし今度は、男子は、四万十町に観光客をいっぱい呼《よ》びたい町役場観光課の人になって、その立場から「こういう橋です」って言ってみて。女子は、四万十町の子どもの安全を考える係の人になって、その立場からこの橋がどう見えるかリポートして。さあじゃあ、観光課長さん、どうでしょう。

アスト　ええと、苔《こけ》が生えて、長く使われたような感じの橋があります。

下村　ああ、いいねえ。なんか歴史を感じて、行ってみたいなあと思うよね。じゃあ、安全課のみなさん。

コノカ　橋に柵《さく》がなくて、少し危険《きけん》な感じがします。

下村　はい、ありがとう。みんな、さっき思い思いの方向を窓からのぞいた時とちがって、今回はおなじ場所からおなじこの橋を見たでしょ？　それでも、どういう立場から見てるかで、見え方が変わってくるわけ。安全担当《たんとう》の人は、やっぱり安全のことを考えなきゃいけないから、「あ、柵《さく》がない」っていうところに思わず目が行って、そういう言い方になる。でも、観光担当の人は、この橋の魅力《みりょく》を伝えようとして、「苔《こけ》が生えてる」とか「長く使われていて味わいがある」とか言うんだよね。

もし安全課の人の立場だけで話を進めたら、「あぶない橋はなおしましょう」ということになって、この観光名所の橋はサッサと架《か》けかえになってしまうかもしれない。でもそこで観光課の人が、ちがう立場から「いやいや、これはとっても魅力のある橋なんですよ」と意見を言えば、そこから「じゃあ、どうやって橋の姿《すがた》を残しながら安全に気を配るか」っていう話しあいが始まるよね。

四万十川でこの野外授業《じゅぎょう》をおこなったほんの数日前、中国《ちゅうごく》では、歴史ある「万《ばん》里《り》の長城《ちょうじょう》」の一部が老朽化《ろうきゅうか》して危険《きけん》だといって、地元の役人が無造作《むぞうさ》にコンクリートで固めてしまった、という出来事が報道《ほうどう》された。安全を考える立場の人が、観光の立場の人のことを考えず、あっさり景観を台なしにしてしまったなんて、今の沈下橋《ちんかばし》での観光課と安全課の立場のちがいとそっくりだよね。

ひとつの立場からだけ見て結論《けつろん》を出さないで、「まてよ、ほかの見え方もないかな?」と想像力《そうぞうりょく》をふくらませ、いろんな立場のいろんな情報《じょうほう》を集めて判断《はんだん》することが、すごくだいじなんだ。

② 重心を変えると、川の姿《すがた》も一変

つぎは、「《重心》を変えて見る」。なにをだいじに思うか。ぼくらはみな心の中に重心の置きどころがあり、それは人によって、またおなじ人でも時によってさまざまだ。七里小のみんなが、紙の小窓《こまど》から今度は四万十川をのぞいた。

下村　そうそう、ひじをのばして、四万十川の水面だけを見て。じゃあ、なにかほんとうにたったひと言で、あの水面の様子を表してみよう。どんな水？

アスト　にごっている水。

ムツキ　ちょっとブルー。

下村　具体的な色の情《じょう》報《ほう》だね。

ヒロト　ちょっと浅い。

下村　見た目でそういう感じがしたんだね。

イチゴ　キラキラ。

下村　ほんとうだ。水面にちょっとさざ波が立って、光ってる。

ケンヤ　ゴミが流れてる。

下村　え、どこ？　ああ、あそこか。木の枝《えだ》かな。

コノカ　まんなかあたりが緑色。

下村　はい、ＯＫ。みんなの言ったことって、じつは、みんなが心の中でまっさきに「これがだいじ」って感じたことなんだよね。全国に誇《ほこ》る四万十川の清流だけど、「にごっている」とか「ゴミが流れてる」とか言った人は、水道水みたいに無色であることとか混《ま》じりものがないこととかに、こだわりを持ってるんだ。だから、パッとひと言で表す時に、それがスッと選ばれて口から出たんだろう。

それから、色に興味《きょうみ》がある人は、「ブルー」とか「まんなかが緑」とか、そういう表現《ひょうげん》になった。動きに関心が向く人は、「キラキラ」と「さざ波」に注目した。どういうところに重心を置くか、なにをだいじに思うかで、表現って変わるんだね。

四万十川中流のこのあたりは、川の流れもゆっくりで、たしかに無色透明《とうめい》な水がサラサラ流れているという感じではない。それでも、橋の上からのぞきこむと、きれいな深緑色の水を通して小魚や川底の石が見えるほど、水はすんでいる。だけど、アストとケンヤの言葉（本人たちにとっては事実）を聞いた人は、かなりきたない川を思いうかべちゃうよね。その時、聞き手は「そんなきたないところで授業《じゅぎょう》をしてるのかあ」とすぐに決めつけず、「待てよ、べつのところに重心を置いて四万十川を見ると、おなじ川がちがった表現《ひょうげん》でリポートされるのかもしれないぞ」と考えることがだいじだ。

③ 順番を変えると、気持ちも変わる

《立場》《重心》のつぎは「《順番》を変えて見る」。

これは、けっこうかんたんだ。A↓Bの順番で聞いた情報《じょうほう》を、「あ、そうなんだ」と思う前に、「待てよ。これって、たまたま伝えてくれた人がこの順で言ったけど、B↓Aの順番で聞いても、おなじように受けとめられるかな?」って、頭の中でひっくりかえしてみよう。そうすると、不思議なことに、受けとめ方がガラッと変わっちゃうことがあるから。

動画を
チェック!

2枚のパネルを入れかえると……、つぎのページを見てみよう。

下村　じゃあ、最初の例。だれかともだちが落ちこんじゃって、校庭のはしっこに行って、ひとりでふさぎこんでいるとしよう。クラスのなかまが心配して、「ちょっと○○ちゃん、なかよしなんだから、行って様子見てきてよ」と言いだした。で、○○ちゃんが偵察《ていさつ》に行って戻《もど》ってきて、落ちこんでいる子の様子をクラスのみんなにこう報告《ほうこく》しました。

「顔は明るかったけど、目は赤かった」

　ははあ、目が赤いってことは、泣いてたんだね、きっと。様子を見にきてくれ

た〇〇ちゃんには明るい顔で答えたけど、でも、その目は赤かった。そんなふうに報告《ほうこく》されたら、どんな感じがするかな？

シュウト　かわいそう。

下村　泣いてたんだな、まだ落ちこんでいるのかなとか、いろいろ思うよね。でも、おなじ様子を見てきたその子がみんなに、「目は赤かったけど、顔は明るかった」って逆《ぎゃく》の順番で報告したら？

シュウト、コノカ　……もうだいじょうぶだ、って思う。

下村　でしょ。どっちもおなじ事実の報告なんだけど、伝えてくれる人がどういう順番で伝えるかで、受ける印象はガラッと変わるよね。

じゃあ、もうひとつ、べつの例。つきあってるカップルがケンカして、口もきかなくなってしまった。で、ふたりの共通のともだちが、なかなおりさせようと思ってまず彼《かれ》のところに行って、ふたつの言葉を聞いてきた。それを、トコトコッと彼《かの》女《じょ》のところに行って、報告《ほうこく》します。「『おれも悪かったけど、あいつも悪かった』って言ってたよ」って。それを聞いたら、彼女の方はどう感じるかな？

シュウト　余計《よけい》イヤだ！

下村　余計イヤだ？　まだケンカつづく？

コノカ　うん。

下村　じゃあ、その報告が、「『あいつも悪かったけど、おれも悪かった』って言ってたよ」という順番だったら？

コノカ　うれしい。反省してるように聞こえる。

下村　もしかしたら、このひと言がきっかけでなかなおりに向かうかもしれないよね。伝える人が選んだ情報《じょうほう》の順番によって、話を聞いた人の受けとり方が、正反対に変わっちゃったでしょ？

じゃあ今度はみんな、紙の小窓《こまど》で、空のあのへんの、雲が切れてちょっと青空がのぞいているところを見て。で、はい、いったん下ろして。つぎはあの山の上の黒い雲を見て。はい、オーケー。じゃあ今見たふたつのものを、順番はどっちでもいいから、さっきの「〇〇だけど、△△」っていうパターンで、報告してみて。

アスト　雲は暗いけど、空は明るい。

ムツキ　青い空があるけど、黒い雲もある。

下村　なるほど。ムツキの話した順番だと、「ちょっとこれ、まずいかな。やっぱり、教室の中で授業《じゅぎょう》した方がいいかな」と思うけど、アストの順番だと、「あ、じゃあだいじょうぶか。今日はなんとか野外で授業、できるな」っていう気分になるよね。

ここまでの例は、どれもAとBというふたつだけの情報《じょうほう》の順番を入れかえる単《たん》純《じゅん》なケースだった。でも、現実《げんじつ》のニュースなどで届《とど》けられる情報は、もっとたくさんの中身が入っていることが多いよね。

それはA↓B↓C↓D↓Eだったり、E↓D↓B↓A↓Cだったり、C↓A↓E↓B↓Dだったり、とにかく伝え手が決めたあるひと通りの順番で届けられる。すべてを「せ〜の」で同時にしゃべったり書いたりすることはできないから、どうしても伝え手としてはひと通りの順番を決めざるをえないわけだけど、その順番が、今回の授業《じゅぎょう》でもわかるように、キミの受けとめ方に影響《えいきょう》を与《あた》えちゃっているかもしれないんだね。

つまり、「第一印象」というものは、キミの立場とか、重心の置きどころとか、見せられた順番とか、いろんなものから影響をうけた、《たくさんある受けとめ方のうちのひとつ》にすぎないんだ。想像力《そうぞうりょく》のスイッチを入れて、この影響《えいきょう》から解《かい》放《ほう》されて自由になろう。

なにか新しい「へえ〜」と思うような情報《じょうほう》を聞いた時、すぐにそのまま信じるんじゃなくて、「待てよ。立場や重心や順番を変えても、おなじに見えるかな？《ほかの見え方はないかな》？」と想像してみる。そうすると、七里小のみんなが①②③でやってみたとおり、第一印象とはぜんぜんちがうイメージがわいてくることがある。その時に、「じゃ、どっちがほんとうなんだ？」とまたすぐ結論《けつろん》を急がないで、「なあんだ。だったら《まだわからないよね》。もうちょっといろんな情報を集めて、それから判断《はんだん》しよう」と思う。

これがだいじなことだ。

うのみにしないで――かくれているものはないかな？

ここまでは、見えている《そのもの》について見方を変える練習だった。今度は、「かくれている《べつのもの》はないかな」と想像《そうぞう》をふくらませてみよう。

小窓《こまど》の外、つまり「紙で見えていない部分にもなにかがかくれているんじゃないかな？」って考えてみるんだ。まわりにあるかもしれないものが想像できると、ふしぎなことに、今見ている小窓の中のものまで変わって見えてくるから。

ここからは、小窓を「スポットライトの光が当たっているところ」、小窓のまわりの紙の部分を「スポットライトのまわりの暗がり」と置きかえてみよう。

テレビだろうとインターネットだろうと、ともだちからのＬＩＮＥ《ライン》での知らせだろうと、ニュースというのはすべて、世の中のあらゆる出来事の中から選ばれて、スポットライトを当てられた情報《じょうほう》だ。だけど、スポットライトが当たっていない情報、つまりニュースに取りあげられなかった情報だって当然あるはずだよね。そんなスポットライトのまわりの暗がりに想像力を働かせる練習を、今からやってみるよ。

窓《まど》枠《わく》を広げてみよう

二〇一五年に韓国《かんこく》で、MERS《マーズ》という新しい病気がはやったことがあった。十二月に終息するまでにぜんぶで百八十六人が病院内などで感染《かんせん》して、そのうち三十八人が亡《な》くなった。患者《かんじゃ》の数は人口の〇・〇〇〇四%弱だけど、感染した時の死亡率《しぼうりつ》が高かったので、韓国でも日本でもかなり大きく報道《ほうどう》された。

さあ、キミは今、自分が韓国のテレビ局のカメラマンになったと想像《そうぞう》して。上司からカメラマンたちに、「おまえは、病院に行け」、「キミは政府《せいふ》の対応《たいおう》を撮《と》りにいけ」とつぎつぎに指示《しじ》が飛ぶ。そしてキミは、「ちょっと町中の様子を撮ってこい」と指示された。首都ソウルは大都会で、そこではたくさんの人々が、いそがしそうに町を歩いている。はやりだしたと言ってもさっきの人数だから、もちろん路上にバタバタ患者が倒《たお》れているわけではなく、町の光景は一見いつもと変わりない。さて――。

下村　キミたちならそこで、どんな人を撮《と》ろうと思う？　「新しい病気がはやりはじめました」っていうニュースだよ。町にはいろんな人が歩いてるけど、どういう人にカメラを向ける？

シュウト　しんどそうな人。

イチゴ　はしゃいでいる人。

下村　なるほど。つまり、自分もその病気じゃないかと気がかりでぐったりしてる人や、「わあ、新しい病気だ、病気だ」ってテンション高めにさわいでる人。つまり、MERS《マーズ》という病気になにかしら反応《はんのう》してる人だね。ほかには？

シュウト　マスクをしてる人。

下村　「感染《かんせん》がちょっとこわいから、予防《よぼう》のために」と思って、マスクして歩いている人か。そういう人たちを撮影《さつえい》したら、たしかに病気のニュースの画面にはふさ

「撮《と》ってきました〜」ってテレビ局に戻《もど》ったら、「いつもどおりでニュースにならないじゃないか」って言われちゃうよね。

わしそうだよね。でも、いつもと変わらない様子の人たちを撮影《さつえい》して、

カメラマンは、べつに指示《しじ》をされなくても、そしてちっとも悪気がなくても、「警戒《けいかい》してマスクをしてる人たちを撮ろう」と考える。そして、またそれを編集《へんしゅう》してニュース番組に仕上げる編集マンも、なるべくマスクをしてる人がいっぱいうつっているシーンを、うまくつないで動画を仕上げる。そうすると、日本でそのニュース番組を見た人は、「たいへんだ。ソウル、みんなマスクしてる！」と思いこんじゃう。実際《じっさい》には、マスクをしていない通行人の方が多くても。

こういうのって、めずらしいことではない。乱闘《らんとう》や暴動事件《ぼうどうじけん》などのニュース映像《えいぞう》を見ると、もう現場《げんば》全体が大混乱《だいこんらん》の中にあるようにしか見えないけれど、それを撮影したカメラマンにあとで現場の様子をたずねると、「周囲の人々は冷ややかにその様子を見てたよ」と教えてくれることがよくある。だったらそれも撮《と》ってよ、とついつっこみたくなるけれど、事件《じけん》のニュースを撮りにいったカメラマンが事件と関係あるシーンだけを一所懸命《いっしょけんめい》撮るのは、あたりまえのことだよね。キミだって、たとえば「火事だよ！」とともだちにLINE《ライン》で写真を送る時、わざわざ「近所の燃《も》えていない家」の写真はつけくわえないでしょう？

「みんなマスク」はまちがいだとしても、MERS《マーズ》の例は感染《かんせん》する病気の話だから、念のため大げさなぐらいの対策《たいさく》をしておくことはまちがっていない。でも、そうやってスポットライトの中だけ見て《みんな○○だ》という極端《きょくたん》な受けとめ方をすると、たとえば「福島《ふくしま》の子は《みんな》放射能《ほうしゃのう》がついてる」と避難《ひなん》さきの学校でいじめが起きたり、「イスラム教徒は《みんな》テロリストだ」と日常《にちじょう》生活の中で避《さ》けたり、明らかにまちがった過剰反応《かじょうはんのう》を起こしてしまいかねない。ほんとうに気をつけよう。

では、そんなまちがった反応をしないようにするにはどうしたらいいのか。ここが、想像力《そうぞうりょく》のスイッチの出番だ。「このスポットライトの外がわには、どんな人がいる可能性《かのうせい》がある？」と考えてみよう。

七里小の野外教室のホワイトボードには、満月のような大きい黄色い丸がかいてある。その中がスポットライトで、まわりの部分が暗がりだ。まず、黄色い丸の中に「マスクをしてる人」と書きこんで、さあスイッチ・オン！

下村　さっきシュウトは、「マスクをしてる人を撮《と》る」って言ったよね。ってことは、撮らないのは？

シュウト　……マスクをしてない人？

下村　だよね！　マスクをしてる人をねらって撮るということは、そのまわりには、マスクをしてない人がいるかもしれない。すごいあたりまえだよね、これ。だって世の中には、マスクしてる人としてない人しかいないんだからさ。

そう言いながら、ぼくはボードの黄色い丸の外がわに、「マスクしてない人」と書きこんだ。それだけのことで、ずいぶん頭が落ちついたぞ。さっきまで「たいへん、みんなマスクだ」と思いこんでた自分がふしぎに思えてくるぐらいだ。

もうひとつ、実際《じっさい》のニュースの例から。

中国や韓国と日本は、今モメごとをかかえていて、どうもなかが悪いっていうニュースがときどき流れる。すると、それを見た日本人の中には、「中国人と韓国人は、《みんな》日本人のことをきらいなのか。じゃあ、こっちもきらいになってやる」と思ってしまう人が出てくる。そんなニュースが流れるたびに、どんどんおたがいのなかが悪くなっていくばかりだ。というわけで、ボードの黄色い丸の中に「反日的行動」と書きこんでみよう。

下村　この場合、スポットライトの外には、どういう人たちがいるはず？

シュウト　なかよくしてる人。

スポットライトは言いあらそいだけに当たるから……。

下村　そうだよね。じゃ、スポットライトの外には「親日的行動」って書くよ。想像力《そうぞうりょく》のスイッチを入れれば、日本人と中国人がなかよくしているシーンなんて、いくらでも思いうかぶわけ。でも、「今日の午後、日本人と中国人が高知市内でなかよく話していました」っていうのは、ニュースになりません。だから、日本人と中国人はなかが悪いとか、あっさり決めつけないようにね。

ふだんの学校の中でもおなじだ。A君が遅刻《ちこく》して、ともだちが「あいつ、夜中遅《おそ》くまでおれとLINE《ライン》やってたんだよ」と証言《しょうげん》したら、キミはどう考える？「ははあ、それで今日寝坊《ねぼう》して遅刻なんだ」って、パッと決めつけちゃわないかな。黄色い丸の中に、「深夜までLINE」と書きこんで、その外がわにかくれているかもしれない《ほかの理由の可能性《かのうせい》》を想像《そうぞう》してみよう。

このLINEの質問《しつもん》は、今まで多くの学校の特別授業《じゅぎょう》でしてるんだけど、みんなの想像力はほんとうにゆたかで、いろんな答えが出てくるよ。

「ただ、目覚まし時計がこわれてて鳴らなかっただけ」

「お父さんは単身赴任《ふにん》でお母さんは病気で、朝から妹のお弁当《べんとう》をつくってあげてて遅《おそ》くなってる」

「今日が日曜だとかんちがいしてる」

「まだ転校してきて間もないから、登校の道順がわからなくて迷子《まいご》になってる」

「時間どおりに校門の近くまで来たんだけど、そこで、転んでるおばあさんを見つ

けて、病院まで連れていってあげている」

だったら、いいやつじゃん、A君！　おばあさんを助けてるのに、たまたま昨日の夜LINE《ライン》をやってたからって、「あいつ、それで寝坊《ねぼう》して遅刻《ちこく》してるんだ」って決めつけたら、かわいそうでしょ。

A君の場合、スポットライトの外がわの暗がりにある《ほんとうの答え》はまだつきとめられていない。それでも、スポットライトの中が正解《せいかい》《とはかぎらない》と思うことはできる。そこがだいじなんだ。「あいつ、こういう理由で遅刻したのかもな」とあれこれ想像力《そうぞうりょく》を広げることで、「あ、もう決まり。LINEで夜ふかししてた、A君自身が悪いんだ」と考えてしまう決めつけを防《ふせ》ごう。

まとめ――もっと広い景色を！

下村　これからみんな、社会に出ると、なかまがどんどん増《ふ》えていって、もっといろんな人たちから、いろんな情報《じょうほう》が入ってくるようになる。そして、インターネットもドンドン使うようになっていく。インターネットって、ほんとうにいろんな情報を届《とど》けてくれる便利なものだけど、なかにはただの思いこみとかかんちがいとか、たまには悪意のウソとかも、まぎれこんでいる。

そういう情報に振《ふ》りまわされないようになるためには、相手を片《かた》っぱしから「あいつ、うそつきなんじゃないか？」と暗～く疑《うたが》うよりも、今日身につけたふたつのキーワード「ほかの見え方もないかな？」「かくれているものはないかな？」を使って、まず自分がもっともっと窓《まど》を広げて、明るく広い景色を想像《そうぞう》できるようになろう。そうしたら、もうキミは初耳の情報に出会っても、そうかんたんに踊《おど》らされたりしないから。

以上、「情報に対する想像力」のスイッチを入れるための特別野外授業《じゅぎょう》でした！

授業《じゅぎょう》の後、東京に戻《もど》ったぼくのところに、七里小のみんなから、授業の感想文が届《とど》いた。

「わたしは、今までニュースで言っていることは、ぜんぶほんとうのことだと思っていたけれど、小窓《こまど》から見てみると、その場所しか見えないことがわかりました。ニュースをもっとくわしく見たいと思いました」——ユキノ

「下村さんと授業をして、思っていたことが少し変わりました。家に帰ってテレビを見るときにも、『そうなのかな』と思えるようになりました」——ヒメノ

「紙をちぎって、そこから見える景色を伝えあうところがおもしろかったです。ニュースを見ているぼくたちは、見えていないところを想像《そうぞう》することがたいせつだと思いました」——イチゴ

「言う順序《じゅんじょ》を変えるだけで、伝わる内容《ないよう》が変わるから、話し方も気をつけていきたいと思いました」——ヒロト

「わたしは、かくれている部分を考えるようになってから、少し知っていることが増《ふ》えた気がします。そして、ニュースやうわさには、伝える人の思いが入っているのですね。いろんな立場から見て、しっかり相手の心を考えます」──コノカ

二時間目のおさらい

《情報《じょうほう》に対する想像力《そうぞうりょく》》のスイッチを入れるコツ

- 情報をうのみにせず、「これは小窓《こまど》から見えてる景色では？」といったん立ちどまろう。
- いまの自分とはちがう立場にわざと立って、あらためてその情報をながめてみよう。
- 自分がこだわる部分からいったんはなれて、一歩引いてあらためてその情報を観察してみよう。
- 自分が見た時とはべつの順番にならべかえて、あらためてその情報を受けとめてみよう。
- 見えている情報がすべてだと思わず、まわりにかくれているかもしれない情報を想像してみよう。

さあ、ここまで《他者》に対する想像力《そうぞうりょく》と、《情報《じょうほう》》に対する想像力のスイッチの入れ方をトレーニングしてきた。最後の三時間目にとりくむのは、これから長い人生を送っていくキミたちにとっていちばん必要な力……《未来》に対する想像力だ。

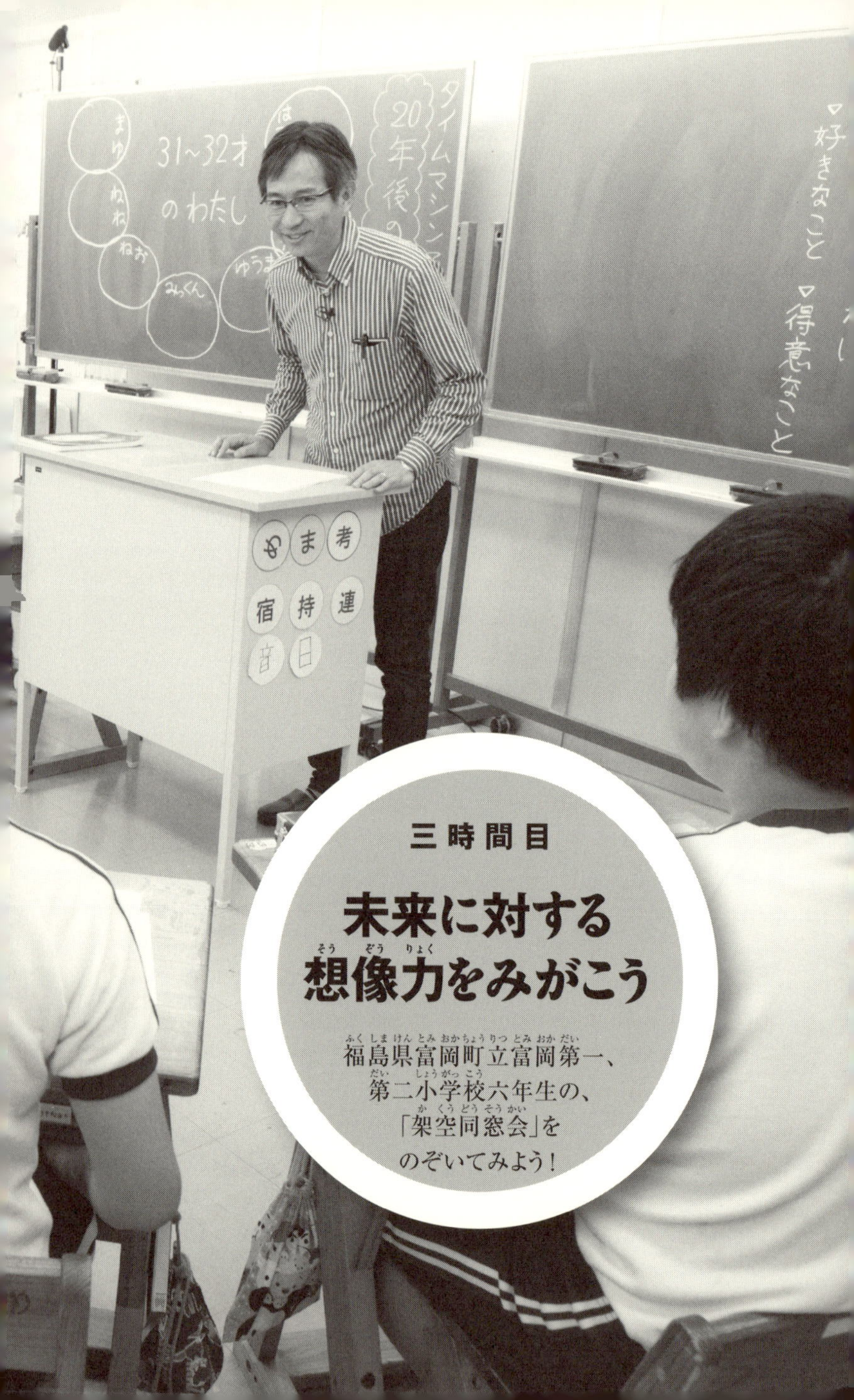

三時間目

未来に対する想像力《そうぞうりょく》をみがこう

福島県《ふくしまけん》富岡町立《とみおかちょうりつ》富岡第《とみおかだい》一、第《だい》二小学校《しょうがっこう》六年生の、「架空同窓会《かくうどうそうかい》」をのぞいてみよう！

架空同窓会《かくうどうそうかい》で、20年後の未来にタイムスリップ。もう大人のキミたちは、そのとき、どこでなにをしている？

「二十年後の自分を想像《そうぞう》してみよう」といきなり言われて、キミはリアルにその時の自分の姿《すがた》を思いうかべることができるかな。そんな時、想像力のスイッチを入れるには、今が二十年後だと思って「架空同窓会《かくうどうそうかい》」をやってみるといいよ。

この特別授業《じゅぎょう》に参加したのは、福島県富岡町立第《ふくしまけんとみおかちょうりつだい》一、第《だい》二小学校《しょうがっこう》の六年生たち。富岡町《とみおかまち》は、東京電力福島第《とうきょうでんりょくふくしまだい》一原子力発電所《げんしりょくはつでんしょ》のごく近くにある町だ。二〇一一年三月十一日に発生した東日本大震災《ひがしにほんだいしんさい》で、この原発は大きな爆発事故《ばくはつじこ》を起こした。富岡町にくらしていた人たちは放射能《ほうしゃのう》の危険《きけん》からのがれるため、全員が日本中に避難《ひなん》させられた。

富岡のおおぜいの子どもたちも、それぞれの親の避難さきについていくしかなくなって、バラバラに引きさかれた。無人の校舎《こうしゃ》と草ボウボウの校庭という姿になってしまったふたつの小学校は、おなじ福島県内の三春町《みはるまち》の工場跡地《あとち》を合同で借り、そこの建物を校舎のかわりにして授業をしている（二〇一七年一月現在《げんざい》）。かよっているのは、おもに近くの郡山市《こおりやまし》や三春町に避難《ひなん》している子どもたちだけど、二校あわせても、六年生はぜんぶで七人しか残っていない。

この七人は、震災《しんさい》発生の時、まだ幼稚園《ようちえん》の年長組だった。子どもは大人よりも放射能《ほうしゃのう》に敏感《びんかん》なので、この授業《じゅぎょう》の時点で、富岡の自宅《じたく》には事故《じこ》以来一度も、帰ることが許《ゆる》されていない。事故現場《げんば》で強い放射線を出しつづけている溶《と》けた燃料《ねんりょう》をかたづけて「廃炉《はいろ》」という作業が終わるまで、まだ何十年もかかる。事故から六年がすぎても、未来の姿《すがた》がとても見えにくい状態《じょうたい》に置かれている。

こう書くとキミは、なんだかものすごく特別なところで授業をやっているように感じるかもしれない。でも、じつはそうでもないんだ。二十年前とまったくおなじ姿のままの町は、日本中にひとつもない。人生に順調な時とうまくいかない時があるように、町にもかならず変化がある。人口の減少《げんしょう》のように変化がゆっくりと進むこともあれば、富岡のような急変もある。

キミがどこにくらしていようと、未来は確定《かくてい》していない。だから、よりよい未来を想像《そうぞう》してみるんだ。では、仮設校舎《かせつこうしゃ》の教室で、架空同窓会《かくうどうそうかい》を始めるよ。

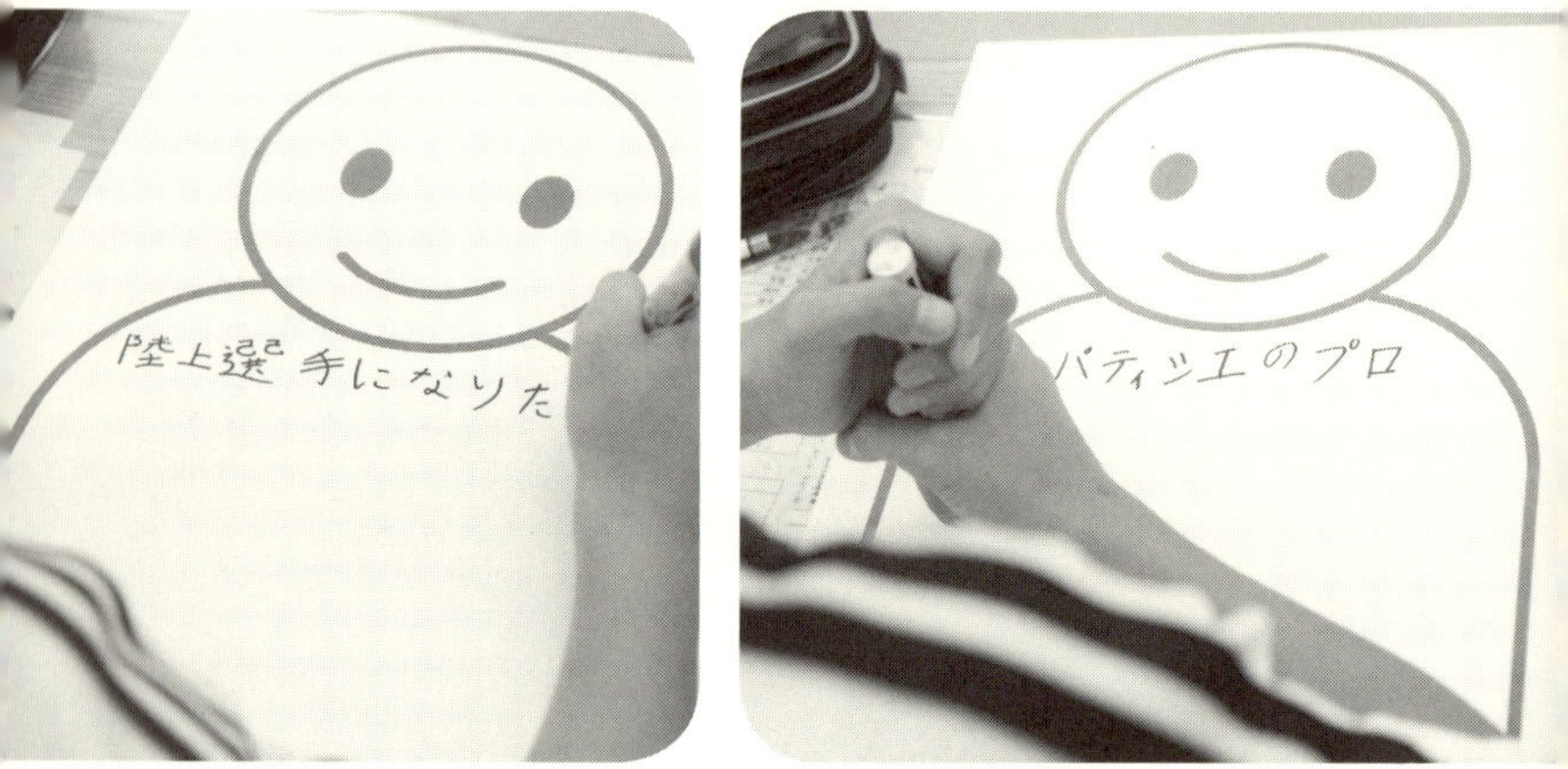

みんなが思いえがく20年後は？

自分の未来と、なかまの未来

下村《しもむら》　そうしたら、今からタイムマシンに乗って。今は二十年後、ひさしぶりに三十二歳《さい》のオジサン、オバサンになって集まった、と思って。

ネネ　え〜、やだぁ。顔見ないで。

下村　アハハ！　ぼくなんか、そしたら七十六歳のおじいさんだよ。はい、今日はパネルを用意しました。二十年後、自分はなにをやっているか、ひとりひとり書きこんでみて。

え〜どうしよう、と考える子。パネルにスラス

ラとペンを走らせる子。七人が書きこんだ現在《げんざい》（二十年後の二〇三六年）の職業《しょくぎょう》は、六通りにちらばった。

・ハルト：ブリーダー
・ネオ：ペットショップ店員
・ショウタ：バスの運転手
・マユとネネ：幼稚園《ようちえん》の先生
・ユウマ：陸上選手
・ミツヒコ：パティシエ

あたりまえだけど、未来はひとりひとりちがう。でも、完全にバラバラではなくて、合流したり離《はな》れたりをくりかえしていく。架空同窓会《かくうどうそうかい》でも、ほかの子が発表した未来のイメージに、自分が調子をあわせることはない。ちがう道だからって、おたがいの生き方を否定《ひてい》しているわけじゃない。だいじなのは、「みんなちがってみんないい」ということだ。

ともだちとちがう道だっていい――郡山で開業するハルト

下村　じゃあおたがい、ひさしぶりの人にも、ときどき会ってた人にも、今自分がどんなくらしをしているか、近況報告《きんきょうほうこく》をしてください。まず、ハルトから。二十年ぶりだね、すっかり立派《りっぱ》になって。

ハルトが、みんなにパネルを見せる。そこに書かれている二十年後の職業《しょくぎょう》は、「ブリーダー」。おもにペット用の動物に、かわいい子どもを産ませて、ペットショ

みんなの夢《ゆめ》が出そろいました。

ップに売ったりする仕事だ。

下村　どういう仕事なの、ブリーダーって？

ハルト　犬猫《いぬねこ》の世話。

下村　それはどこでやってるの？

ハルト　郡山……？

郡山は、今授業《じゅぎょう》をしている仮校舎《かりこうしゃ》から通学バスで三十分ほどの大きな都市だ。ここで、ハルトの発言を聞いていたマユが急に、ネオのパネルを指差して声を上げた。

マユ　ネオがペットショップで、ハルトがブリーダーだ！

下村　あ、いいね。おなじ動物関係の仕事だから、ふたり共同で。ネオ、ペットショップは郡山でもいい？　どこでやりたいとかあるの？

ネオ　うん、どこでもいい（笑）。

下村　じゃ、決まった。郡山でとなりどうしでお店を開くと。いきなりリアルな感じになってきたぞ。みんな、ちゃんと想像《そうぞう》してね、郡山の町の中でふたりの店がならんでいるところを。

最初のうちは想像力のスイッチが入りにくいから、こうしてぼくが想像のふくらませ方とつなげ方の例を示《しめ》した。でもこれでコツがつかめたら、あとはもうどんどんみんなの世界！

ネオ　イオンタウン（郡山のショッピングセンター）に、そういうところあるよ。

下村　へえ。じゃ、二十年前、小六だったハルトが、今やイオンタウンでブリーダーとしてお店を開いています。その間にどんなことがあったの？　どういうふうな道を歩んで、どういう勉強をした？　こうなるまでに。

ハルト　生きものの種類とかの……。

下村　専門学校《せんもんがっこう》とかに行ったの？　成績《せいせき》どうだった？

ハルト　ふつう。

下村　ジミに想像《そうぞう》したね（笑）。ふつうの成績で卒業して、この仕事をするための資格《しかく》を取って、いくつの時に開業したんだろう？

ハルト　二十代の後半。

下村　じゃあ今、開業してから五年くらいだね。

ハルトは、二十年後も生《う》まれ故郷《こきょう》の富岡には戻《もど》らず、避難《ひなん》さきの郡山でそのまま大人になって仕事を始めている自分を想像《そうぞう》した。でも、なかまとのつながりは、たいせつにしている。小学校時代のクラスメートと、となりどうしで店をかまえてるなんて、なかなか楽しい想像だね。

世界は広がってゆく――新しいなかまと店を始めるネオ

下村　よし、ネオのペットショップ。今、実際《じっさい》にハルトの店のとなりでやってるわけだね。お店の名前は?

ネネ　「ネオ・アンド・ハルト……

マユ　アンド・ペットショップ・アンド・ブリーダー」

下村　となりどうしの店で、もう看板《かんばん》もいっしょなわけね。

ミツヒコ　ながっ、名前。

下村　電話に出ると、「はい、ネオ・アンド・ハルト・アンド・ペットショップ・

アンド・ブリーダーです」(一同笑)。

ネネ　店長だれ？

ネオ　店長？　ハルちゃんかな？

ハルト　いや、なんでうちが(笑)。

下村　ネオ自身でもハルトでもないってことは、この七人とはべつの人が店長をやってるんだ。二十年後だから、みんなの世界、そうとう広がっていると思うよ。みんなの二十年後にあらわれてくる登場人物は、この七人以外にもたくさんいるよ、きっと。まだ出会ってない、これから出会う人の方がぜったいに多いよ。だから、きっとさ、「ペットショップ、いっしょにやっていこうぜ」っていうなかまと、小六以降《いこう》のどこかで出会ったんだ。

ネオ　いやだな。

下村　なに？　このなかまと組んだ方がよかったかも？

ネオ　そっちの方がまだいい。

ミツヒコ　「まだいい」って……（笑）。

下村　これからの人生、いやなやつとも出会うだろうけど、すごくいいやつとも出会うよ、きっと。ひとりで未来をつくれる人なんか、だれもいないんだからさ。みんな、いろんな人と組んで、チームで未来をつくっていくから。

こうやって、「まだ出会っていない人」まで想像《そうぞう》の世界の登場人物に加えると、これから現実《げんじつ》の世界でいろんな人と「はじめまして」と知りあった時に、ワクワク感がうーんとアップするよ。「もしかしたら、この人となにか新しい物語が始まるのかなあ」とか。人見知りで初対面が苦手だったら、無理しなくてもいいから、心の中でひそかにドキドキしていよう。

ほかの人の未来も想像しちゃおう――沈黙《ちんもく》を破《やぶ》ったショウタ

下村　オーケー。じゃあ、つぎ行こうか。ショウタ、ひさしぶり。どうよ？　元気にしてた。

マユ　結婚《けっこん》した？

下村　あ、いいね。そういうふうに質問《しつもん》して。おや、照れてるっていうことは結婚したな。

ミツヒコ　子どもは？　何歳《なんさい》？

下村　職業《しょくぎょう》はなにやってるの？

ユウマ　（パネルを見て）ショウタは、郡山のバスの運転手さんだよね。

ネネ　わたし、ショウちゃんのバスに乗ったことある。

下村　バスの運転手さんになるのって、たいへんじゃなかったの？　大型の免許《めんきょ》とか取るでしょ？

ハルト　取ってたよね。

下村　そうなんだ。楽勝で取れた？

ともだちの未来も考えてみよう。

ショウタ　……試験、二回くらい。

下村　二回くらい落ちた？　そうか、苦労したんだね。みんなもそれぞれ二十年のあいだに、いろんなチャレンジとかしてきたんじゃないのかな。それで今があるんだね。で、ショウタは、ついに受かった時うれしかった？

ショウタ　すごいうれしかったです。

このやりとりを読んでわかるとおり、ショウタ本人は、はじめのうちは発言していない。なかなか想像力《そうぞうりょく》のスイッチが入らないことって、あるよね。そんな時は、富岡のみんなのように、まわりがさきにワイワイもりあがっちゃおう。他人の未来を想像《そうぞう》するということは、その人のこと（好きなこととか、向いていそうなこととか）を一所懸命《いっしょけんめい》考えてあげることだよね。それって、メチャクチャうれしいから。

自分から、「ぼくの未来ってどんなだと思う？」とともだちにたずねてみるのもおもしろい。返ってきた答えにピンと来たら、そのまま想像を広げればいいし、「そうかなあ？」と思うような答えだったら、逆《ぎゃく》にそれをヒントにして「そうじゃない自分」を想像してみればいい。

いい想像と、悪い想像

つづいて近況報告《きんきょうほうこく》に登場したのは、ここまでときどき発言しているマユとネネ。ふたりは、七人の中でもいちばん明るい富岡町の未来像をえがいた。

きっかけ質問《しつもん》で、スイッチ・オン——アイドルと結婚《けっこん》するマユ

下村　マユちゃん、元気だった？

マユ　幼稚園《ようちえん》の先生やってます。

下村　どこでやってるんですか。

マユ　……富岡幼稚園。

下村　どう、楽しい？

マユ　楽しいです。

下村　富岡幼稚園、子どもいっぱいいるの？

マユ　はい。

下村　へえ。ここにいる七人のお父さん、お母さんたちの息子《むすこ》や娘《むすめ》もいる？

マユ　いる。ネネちゃんとかの（笑）。

下村　ネネちゃんの子は、ネネちゃんににてる？

マユ　そっくり（笑）。

それまでの三人は、郡山を生活の中心にしている近況報告《きんきょうほうこく》だったけど、ここではじめて富岡に戻《もど》っている未来予想図が登場した。しかも、幼稚園《ようちえん》には園児もたくさんいるという。ふるさと富岡の記憶《きおく》を幼稚園までしか持っていないマユにとって、この未来予想図は、思い出の光景の再現《さいげん》なのかもしれないね。

ここから、マユの想像ワールドは、なにやら思わぬ方向に転がっていった。

下村　みんなからも、どんどん質問《しつもん》して。

ネネ　今の苗字《みょうじ》は？

下村　出た、核心《かくしん》をつく質問。すごい。

マユ　○○になってる。

下村　○○って、あのアイドル歌手の～？　結婚《けっこん》したんだ、よかったね！　どうやって出会ったの、○○君と？

マユ　東京《とうきょう》に行った時にぐうぜん会った（笑）。二十歳《はたち》の時。

ユウマ　二十歳か。

マユ　取材みたいな人が来た時にも、○○君が守ってくれたの。なんか、カメラマンがカシャカシャって来たら、こうやって（笑）。カッコいい～！

下村　（笑）もう想像力《そうぞうりょく》のスイッチ、入りすぎ。

ネネ　顔が赤くなってきた。

マユ　涙《なみだ》出ちゃう（笑）。

下村　思いだしてホントに泣いちゃったよ。二十歳のころだと、今から十年ちょっと前の出来事なんだね。

ショウタ　グイグイだ（笑）。

想像力《そうぞうりょく》のトレーニングをしていると、ときどきこんなふうにブッ飛びすぎちゃうことがある。そんな時には、なるべく現実《げんじつ》に引きもどすような質問《しつもん》で、空回り気味の《空想》を、目に見える《想像》に切りかえよう。たとえば、こんなふうに。

下村　でも、その彼《かれ》と結婚《けっこん》して、富岡幼稚園の先生やってるっていうことは、彼はどうしたの？　芸能界《げいのうかい》やめて、富岡に来てくれたの？

マユ　いっしょに住んでる。

下村　彼は、じゃあ今、専業主夫《せんぎょうしゅふ》？　それとも、富岡でタレント活動してるの？

マユ　うーん、イクメン（笑）。育児をしてくれてる。

下村　彼はむかしはイケメン、今はイクメンか（笑）。

マユ　イケメンは、いくつになっても変わらない！

下村　じゃあ、超幸《ちょうしあわ》せな二十年後があるわけだね、そこに。

ショウタ　すごい！

「イクメン」っていうのは、育児を母親まかせにしないで自分も子育てに参加する父親のこと。人気アイドルを東京から自分の町につれてきて、そこでしっかりとパパ業をやらせてるとは、マユの未来はみごとだね！

マユがこうして思いっきり明るく具体的な未来をえがいてくれたおかげで、教室全体がますます元気になった。想像力《そうぞうりょく》って、まわりの人をゆさぶって、水面の波紋《はもん》みたいに広がっていくんだね。

ところで、さっきの会話をふりかえってみると、そんなマユの想像を切りひらくきっかけをつくったのは、ネネがふと発した「今の苗字《みょうじ》は？」という質問《しつもん》だった。聞いたネネも答えたマユも、まさかそこからこんなに物語がふくらんでいくなんて、思ってもみなかったろう。なにげない質問が、想像力のスイッチを入れることがあるから、ひとりで想像する時も、自分で自分に質問をして、つっこんでみるといい。きっとそこから、発想が広がるはずだよ。

自由にふくらむ女子の想像力《そうぞうりょく》！

故郷《こきょう》に帰って、子どもを育てて——手がたい幸せをえがくネネ

下村　よし、じゃあ、つぎはネネ。最近の様子をみんなに報告《ほうこく》してあげて。

ネネ　幼稚園《ようちえん》の先生になった。富岡幼稚園。

下村　え？　つまり、マユと同僚《どうりょう》？

マユ　いっしょに働いてるの（笑）。

下村　で、しかも、さっきのマユの話だと、自分の子どももそこの幼稚園に通ってるわけ？

ネネ　それはないですよ。
下村　じゃあ、もう卒園して小学生か？
ネネ　そうだよ。
ネオ　名前は？
ミツヒコ　小ネネ（笑）。
ネネ　ナナ！
下村　母がネネ、娘《むすめ》がナナか。まだほかにも、きょうだいがいるの？
マユ　ニニ、ヌヌ（笑）。
下村　二十年前、六年生のころここで会った時は、「将来《しょうらい》の夢《ゆめ》」は幼稚園《ようちえん》の先生になることって言ってたけど、その後、幼稚園の先生になるための勉強をする大学とかに入ったの？
ネネ　大学に一発で合格《ごうかく》して。
下村　おっ、浪人《ろうにん》してないと？

ネネ　イェーイ。

こうして、マユとネネのふたりが「子どもがたくさんいる未来の富岡町」を語ったところで、さらに想像力《そうぞうりょく》をきたえるために、こんなことをたずねてみた。

もし、そういう富岡じゃなかったら？——悪い想像にも意味がある

下村　ふたりは、「富岡幼稚園、にぎわってる」って言ってたよね。ということは、富岡の町にはけっこうたくさん人が住んでる。でも、郡山で活躍《かつやく》している人たちもいる。郡山でくらしていても、ときどき生《う》まれ故郷《こきょう》の富岡に遊びに行ったりするの？

ユウマ　ちょこちょこ。

ミツヒコ　たまに。

下村　ということは、はなればなれになった人たちとも、この二十年間、けっこうつながっていたんだ。

ふたりが想像《そうぞう》したのは、「富岡に人が戻《もど》り、幼稚園《ようちえん》もにぎやかで、ほかのところで住んでる人たちもときどき富岡に戻ってくる」っていう《よい方向》だったよね。だけど、今度はみんなの想像力を《悪い方向》に向けてみよう。

たぶん原発事故《じこ》の後始末って、二十年後もまだつづいているよね。だから、「富岡に帰るのはいやだ」と言う人もいて、あんまり会えないこともありうると思う？　どうだろう？

もしかしたら、自分たちが望んだとおりの未来には、ならないかも……。ここまでワイワイにぎやかだった富岡のみんなが、急にだまりこんでしまった。

でも、これは富岡だけの話ではない。「望みどおりの未来になるとはかぎらない」のは、キミがどこに住んでいようと、おなじことだから。じゃあ、ぼくたちは、まっ暗闇《くらやみ》の森の中を手探《てさぐ》りで歩くように、不安いっぱいで進んでいかなきゃいけないのかな？　いや、そんな時には、こうすればいいんだ。

下村　もし思いどおりにならなかったら、「ああ、だめだった」じゃなくて、そこをつぎの想像《そうぞう》の出発点にするといいよ。たとえば富岡のキミたちだったら、「じゃあ、そんなこの町をどういうふうにしていこうかな」と考えなおす。「みんなバラバラになっちゃったけど、じゃあどんな新しい形にすれば、遠くにいてもつながっていけるかな」と考える。あるいは、「ひっこしたさきで、新しいなかまとどんな新しい町をつくっていけるかな」と考える。こういうのも、ぜんぶ《未来に対する想像力》なんだ！

人生は、上り坂を登っていくようなものだから。こうやってね、「よいしょ、よいしょ」って登っていくでしょ？　その時にね、今みんなで考えてる《いい想像力》は、前の方にあるんだ。「ああ、こんなふうになったらいいなあ」って、グー

前からひっぱってくれる「いい想像力」と、後ろから支《ささ》えてくれる「悪い想像力」。

ッとみんなを坂の上から、前の方にひっぱってくれる。

で、もうひとつ、「こうなっちゃったらいやだな」と思う《悪い想像力《そうぞうりょく》》があるよね。たとえば、「また大地震《おおじしん》が起きた時にそなえて、防災対策《ぼうさいたいさく》をどうしよう」と考える。大きなイベントを主催《しゅさい》する人は、かならずイベントの成功だけじゃなくて、「もしテロリストが来たら、どうしよう」っていうような対策も考える。身近なところでは、もし通学路にあぶない場所があったら、そこで交通事故《じこ》が起きたときのことを想像して、どうすれば安全に通学できるかを考える。

こんなふうにして、悪い想像力《そうぞうりょく》はよくないことが起きた時の対策《たいさく》や心の準備《じゅんび》を、ぼくたちにうながしてくれるんだ。つまり、人生の上り坂からころげおちないように、坂の下がわからぼくたちの背中《せなか》を支《ささ》えてくれるわけだ。

いい想像力は前からひっぱって、目標や心の元気をくれる。悪い想像力は後ろから支えて、対策や心の準備をくれる。どっちもすごいだいじ。そうやって両方を想像しながら、たくましくなっていこう。

クネクネ道ほど、未来はゆたか

下村　ぼくもニュースの仕事をしてきたから、いろんな人生の持ち主にインタビューしたんだ。ノーベル賞を取った人にも、その夢《ゆめ》に手が届《とど》かなかった人にも、インチキな宗教団体《しゅうきょうだんたい》を始めちゃった人にも、それを信じこんじゃった人にも、愛する家族を殺された人にも、殺しちゃった人にも。

人生って、そうかんたんに一本道をシューッと行くわけじゃないんだよね。山だって、まっすぐは登らないでしょ？　左右に折れ曲がりながらジグザグに登っていくでしょ？　あの感じ。みんなもこれからいろんな曲がりかどを経験《けいけん》するだろうけど、「自分の人生、まっすぐ行ってない」とか思わなくていいよ。それがふつうだから。しかもさ、見てよ。（左図）このまっすぐな登山道とこのクネクネな登山道、どっちの線の方が長い？

ミツヒコ　クネクネ。

下村　でしょう？　その方がいろんな経験ができて、いろんな人と会えて、おなじ二十年でも、一直線の二十年より曲がりくねった二十年の方が、じつは長生きしてるようなものなんだよ。

失敗した時に「よし！　がんばるぞ」って言って、自力で復活《ふっかつ》する人もいる。なかまのおかげで立ちなおる人もいる。それっきり挫折《ざせつ》しちゃう人もいる。でも、挫

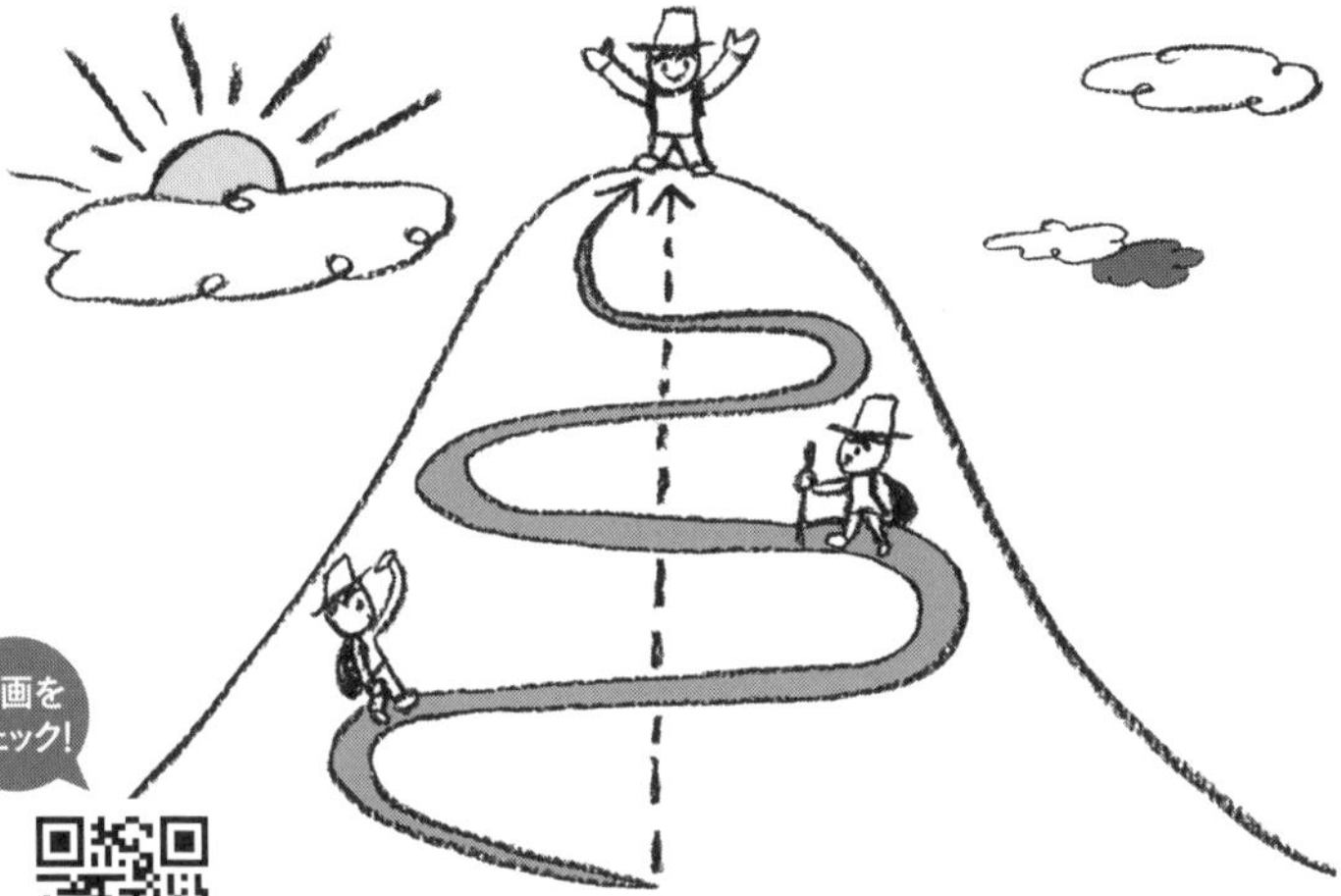

動画をチェック!

クネクネ道の方が楽しめる！

折してあきらめても、またちがう道を見つけてそこからやっていけるから。「やっぱり、この道ムリだな」と思ったら、べつの方向に行けばいいんだから。その時その時で、いろいろ判断《はんだん》していこうよ。

　この町もおなじ。富岡町も、二〇一一年に原発事故《じこ》で強制避難《きょうせいひなん》という大きな出来事があって、みんなでとつぜん「わあ、出ていかなきゃ」ということになった。で、もうじきみんな「戻《もど》りたければ、戻ってもいいですよ」っていうことになるけれど（二〇一七年四月から避難指示《しじ》解《かい》

除《じょ》開始)、そこで、「事故《じこ》の前の家に戻《もど》ろうかな、避難《ひなん》さきのくらしをつづけようかな、まったく新しいべつの道に行こうかな?」と考えるわけだ。それで決めてもまた、「あ、やっぱりこっちにしよう」って考えが変わるかもしれないし。

うれしくない未来が待ちかまえている可能性《かのうせい》は、富岡だけでなくどこの町にもある。大雨の土砂《どしゃ》くずれで破壊《はかい》された町、ダムをつくることになって湖の底に沈《しず》んでしまった集落、なんの事件《じけん》もないけどいつの間にか若者《わかもの》が出ていってさびれてしまった村、戦争でメチャメチャにされてしまった外国の町……。今は幸せなくらしがつづいているとしても、キミの住むところにだって、これからいつなにが起こるかわからない。

たとえば、お父さんが転勤《てんきん》になって転校することになり、ともだちたちと別れなければならなくなったとしたら。今のキミにとっては、原発事故からの強《きょう》制《せい》避難と理由はぜんぜんちがうけど、別れのつらさには変わりないかもしれない。

それでもみんなジグザグと、登っていくことをやめはしない。想像力《そうぞうりょく》が、導《みちび》いてくれるから。

下村　みんなはこれから、いろんな判断《はんだん》をしながら人生を進んでいくことになるよね。たとえば進学のときとか、就職《しゅうしょく》のときとか。そんなみんなの判断の足し算が、二十年後の社会になるわけ。どこかに二十年後の社会が用意されていて、そこに「おじゃまします」って行くわけじゃないんだ。だから、キミがなにか新しい判断をしたら、二十年後の社会は、そのぶんだけちがう未来になっているはず。みんなのひとりひとりが、未来をつくるんだよ。

未来はひとりじゃつくれない——ヒーローインタビューのユウマ

下村　じゃあ、今度は、陸上選手になったユウマ。もう三十歳《さい》をこえたから、陸上選手としてのピークはすぎつつあるのかな。
ユウマ　いや、まだまだ。
下村　東京オリンピックの時は十六歳《さい》ぐらいか。出たの？
ネネ　金メダル！
一同　（拍手《はくしゅ》）
下村　今日は持ってないの、金メダル？
ユウマ　今日は持ってないです。
マユ　今度持ってきて。
下村　でもさ、途中《とちゅう》で「ああ、もうつらい。やめたい」と思わなかった？
ユウマ　何回かあった。
ネネ　その時あまいものあげて。
下村　やさしいなかまじゃん！　金メダルの時のインタビューで、それ言った？
ユウマ　ええ。

下村アナウンサーの「ヒーローインタビュー」がスタート！

下村　じゃあ、ここは東京オリンピックの会場です。ぼくはテレビ局のアナウンサー。「おめでとうございます、ついに金メダル、やりましたね！」

ユウマ　「はい。つらい時も、ともだちのおかげで乗りこえられました」

一同　イェーイ（拍手《はくしゅ》）。

下村　「苦しかった時、どんな応援《おうえん》があったんですか、みんなから？」

ユウマ　「ええと、食べものをもらいました。あまいものを（笑）」

下村　「そうですか。ともだちはいいですね」

ユウマ「はい」

下村「じゃあ、今テレビで見てるかもしれないから、その人たちになにかひと言」

ユウマ「取ったよ、金メダル！」

一同（笑）

下村「ありがとうございました。以上、現場《げんば》でした」

すごい。よかったね。大人になると、みんなきっとなにか苦労するから。でも、その時にだれかが助けてくれるから。ともだちっていいよね。ぜったいに、ひとりで二十年後の世界を開けるやつなんていないからさ。

いいね、二〇二〇年の東京オリンピックで金メダル。思いきりハッピーな出来事を思いえがいたら、その夢《ゆめ》をリアルに今とつなぐコツは、《手前の苦労》を想像《そうぞう》してみることだ。だって、今ふもとにいて、将来《しょうらい》高い山頂《さんちょう》にいるということは、きっとその間にキツい登り坂もあったはずだから。そして、その苦労のシーンを想像すると、その時はげまし支《ささ》えてくれた人たちの姿《すがた》がうかんできて、思わず感謝《かんしゃ》したくなる。

未来を想像《そうぞう》する時に、「感謝のエピソード」をイメージすると、それは大きなつながる力になる。ユウマが話している時、教室では、全員の拍手《はくしゅ》が二回も起きた。七人の想像がひとつになり、未来が完全に重なりあった瞬間《しゅんかん》だった。

思いが強いほど――未来図がとてもくわしいミツヒコ

下村　じゃあ、いよいよラストはパティシエになったミツヒコです。十六歳《さい》のユウマが東京オリンピックで金メダルをとったころ、キミはどうしてたの？

ミツヒコ　ええと、近くのお店に見習いとして行って。

下村　へえ。十六歳で見習いって、そうとう若《わか》いな。しかられた時とかあったんじゃない？

ミツヒコ　とくに、飴細工《あめざいく》みたいな細かい作業が苦手で、「すいません、すいませんすいません」って。そのあと、専門学校《せんもんがっこう》に行って、それからパリに。

下村　パリ？　すごいね、そこで修業《しゅぎょう》をして。どのくらい行ってたの？

ミツヒコ　五年かな。

下村　そんなに行ってたんだ。

下村　じゃあ、向こうに行ってからも、一所懸命《いっしょけんめい》フランス語を覚えながらやったって感じ？

ミツヒコ　パリのなんかダサいアパートみたいなところで、フランス人からみっちり勉強して。

パリで修業中、ミツヒコは、つらくてときどき日本に帰りたくなったという。そんなころ、陸上のトレーニングでパリに来ていたユウマと出会ったそうだ。

将来《しょうらい》、パティシエと金メダリストになるふたり。

ユウマ　ミツヒコは、修業中《しゅぎょうちゅう》でがんばってた。

下村　なんて言ってはげましあったの？　その時、おたがいに。

ミツヒコ　「ボルト選手を目標にして、がんばれ」

ユウマ　「がんばるよ。ミツヒコもがんばって、プロになってね」

マユ　すばらしい。

一同　（拍手《はくしゅ》）

ミツヒコ　で、パリのあと日本に。

下村　そして、ほんとうにプロのパティシエになった。ふたりのはげましあいが、その後のエネルギーのもとになったんだね。小学校で出会っておいてよかったなあ。でもさ、パティシエとして成功して、東京にひっこそうとは思わないの？

ミツヒコ　あんまり思わないかな。なぜかと言うと、いろんなところでいろんななかまといろんなことをして、パティシエをやっていきたいから。

下村　つまり、一か所だけに店かまえて、っていうんじゃなくて？

ミツヒコ　東京にいるのは、一年に一か月くらい。

下村　カッコいい人生だな、それ。

「すいません、すいません」から始まって、飴細工《あめざいく》の技術《ぎじゅつ》の修得《しゅうとく》、パリのダサいアパート、旧友《きゅうゆう》との再会《さいかい》、世界中でパティシエとしての腕《うで》をふるう軽《かろ》やかなライフスタイル……、ミツヒコの想像力《そうぞうりょく》はどうしてこんなにゆたかなんだろう。じつは、校長先生から聞いたんだけど、ミツヒコは小六の今、すでに郡山のデパートで開かれるスイーツ展《てん》のイベントを見にいくほど、もうパティシエになる夢《ゆめ》がくっきりしているんだ。思う気持ちが強いほど、未来予想図も鮮明《せんめい》になるんだね。

だからって、「わたしの夢《ゆめ》はまだぼんやりしてる」とあせることはないよ。夢の卵《たまご》が孵化《ふか》するタイミングは、人それぞれだから。ミツヒコだってこれから、もっと夢中《むちゅう》になるべつのなにかと出会うかもしれないし。未来へとつづく道は、ほんとうに広々としているからね。

ミツヒコの夢がとてもリアルなので、ほかの子たちもひきこまれるように、その想像《そうぞう》の世界に参加していった。

マユ　この前、ミツヒコのつくったスイーツ見た。東京にもお店あるよね。

ネネ　マチダミツヒコシェフの飴細工《あめざいく》。

マユ　そうそう、書いてあった。

下村　そこ、行列できてた？

ネネ　できてた、できてた。デパ地下でも売ってた。

ネネ　わたしはミツヒコに、結婚式《けっこんしき》のケーキ頼《たの》んだよ。
下村　それ、結婚式で自慢《じまん》できるね。「本日の、みなさんのケーキは、パリで修業《しゅぎょう》した、あのパティシエのマチダさんが」って、司会の人が言ったのかな。
マユ　言いました。みんな、「おおーっ」って（笑）。
ネネ　「ちなみに、わたしの友人です」って。「おおーっ」って。
下村　いいね。おっと、残念ですがそろそろ時間が来ました。ここで、タイムマシンに乗って小学六年生に戻《もど》りま〜す！

まとめ——さあ、ほんものの未来に向かおう！

「今」に戻ってすぐにやってもらう作業は、もう一度「二十年後の自分」がなにをしているかをパネルに書くことだ。……おや、最初よりもずっとくわしい話をスラスラと書いていく。架空同窓会《かくうどうそうかい》に参加して、ずいぶん想像力《そうぞうりょく》のスイッチが入るようになったね！

富岡の子たちは気づいたかもしれないけど、なぜかぼくらは「今の時点から、このさきの二十年を想像《そうぞう》する」よりも、「二十年後の時点から、それまでの二十年をふりかえる」方が、話がうかびやすいみたいだ。

そういえばこんなことがあった。あの原発事故《じこ》の前、いくら想像してほしいとお願いしても「爆発《ばくはつ》はぜったいに考えられません」と言っていた専門家《せんもんか》の人たちが、爆発が起きた映像《えいぞう》を見たとたん、たった三十秒頭を抱《かか》えただけで、「ここまでの間に、なにが起きて爆発にいたったのか」を時間をさかのぼってスラスラと推理《すいり》してみせた。ぼくはそのころ首相官邸《しゅしょうかんてい》に勤務《きんむ》してたんだけど、そのシーンを目の前で見て唖然《あぜん》とした。

富岡の子どもたちが「二十年後の同窓会《どうそうかい》の時点」に立ってそこまでの人生の道すじを想像したように、専門家たちも事故の前から「爆発が起きた時点」に立って、そこまでになにが起きたのか想像していれば、どういう対策《たいさく》をとっておけばいいか、思いつけたはずなのにな。
キミも、受験勉強やスポーツ大会などの計画を立てる時には、さきに目標を定めてからそこまでの道すじを逆算《ぎゃくさん》して想像《そうぞう》する方が、計画が具体的になるよ。

下村　人間はどうしてもときどき失敗してしまう。原発事故《じこ》という、大きな大きな失敗も起こしちゃった。でも、失敗をするのも人間だけど、失敗した後、「よーし、今度はどうしたらいいんだろう?」って考えて、そこからもう一度出発していけるのも人間だよ。
これから二十年の間には、たとえば事故にあったりとか、病気にかかったりとか、ほかにもなにか思いがけない災難《さいなん》が起こるかもしれない。その時は、一度へこんでもいいけどさ、しばらくしたらもう一回「よ~し」と言って、つぎの道を進みはじめて。失敗しても、「同窓会《どうそうかい》で話すネタが一個増《こふ》えたぞ」くらいに思って。それでもつらかったら、ともだちにLINE《ライン》や電話をして話を聞いてもらって。今日みんなが架空同窓会《かくうどうそうかい》で体験したように、はげましあえば、きっと乗りこえられるから。それで、いい未来をつくりましょう。

ここにいるひとりひとりがいい未来をつくったら、ほかの人たちもいい未来をつくって、みんなの足し算で、いい富岡やいい日本やいい世界がきっとできるから。

そしたらさ、ほんとうに二十年後集まっちゃおうか。それで、実際《じっさい》どうなったか、このメンバーでほんものの同窓会をやってみようか。すっごい感動的かもよ。

さてと。どうだった、未来の「架空同窓会」は?

マユ　楽しかった!

ミツヒコ　楽しかった!

下村　よかった。ときどきこうしてみんなで集まって想像力《そうぞうりょく》のスイッチを入れると、ほんとうに想像力が、前と後ろからキミたちの未来を支《ささ》えてくれるからね。

はい。じゃあ、今日はこれで終わり!　ありがとうございました。

一同　(拍手《はくしゅ》)ありがとうございました!

三時間目のおさらい

《未来に対する想像《そうぞう》力《りょく》》のスイッチを入れるコツ

- まずは未来に身を置いて、そこからふりかえる形で自分の人生を想像しよう。
- 登場人物の中に、今は知らない人も加えてみよう。人との出会いがワクワクになるから。
- 未来の自分やともだちに、質問《しつもん》をしてみよう。それが想像のきっかけになるから。
- 「つらい時、だれかに支《ささ》えられた物語」を想像してみよう。キミも人を支えたくなるから。
- 悪い想像は、「じゃあ、どうしたらそうならないか」につなげてみよう。きっとキミの力になるから。

想像力《そうぞうりょく》がみんなの夢《ゆめ》を、きっと前に進めてくれるよ。

帰りの会

キミが生きていく世界

さあ、これで今日の授業《じゅぎょう》はおしまい。頭と心、かなりやわらかくなってきたんじゃないかな？　本を閉《と》じたらまた想像力《そうぞうりょく》のスイッチがオフに戻《もど》っちゃった、ということのないように、ここでちょっと宿題を出そう。といっても提出《ていしゅつ》期限《きげん》はないから、マイペースでとりくんで。

まず、**一時間目の宿題**。

浜田山《はまだやま》の子たちは「想像力散歩」だったけど、キミはこれから毎日、いろいろと場面を変えて楽しみながら、想像力のスイッチをオンにしてみよう。

たとえば朝起きたら、「想像力《そうぞうりょく》歯みがき」。

前歯が一本だけ出てきて、生まれてはじめてお母さんにみがいてもらっている赤ちゃんから、大好きだったおばあさんを昨日亡《な》くして、はじめてひとりぼっちの朝に入れ歯をみがいているおじいさんまで……今ごろ社会のいろんなところで、どんな人たちがどんな気持ちで歯をみがいているんだろう。

学校でお昼になったら、「想像力給食」。

このご飯は、おかずは、牛乳《ぎゅうにゅう》は、どこのどんな人がつくって、だれがどうやってこの教室まで送りとどけてくれたのかな。

沈《しず》む夕日を見ながら、「想像力世界旅行」。

今このおなじ太陽を、のぼる朝日として見つめている国の人がいるんだよな。その人たちは、戦争のない平和な一日をむかえられているのかな。真昼の太陽として見上げている子どもたちは、お腹《なか》をすかすことなく、楽しくともだちと遊べているのかな。

夜お風呂《ふろ》に入りながら、「想像力反省会《そうぞうりょくはんせいかい》」。

今日一日のともだちや家族との会話を思いだそう。とくに、意見がすれちがったりケンカになったりした場面。あの時、相手はなにを考え、どんな気持ちだったのかな。自分の立場を離《はな》れて想像してみよう。

そうすればきっと、キミが生きていく世界は、もっとおたがいにやさしくなれる。

つぎに、**二時間目の宿題**。

キミも四万十《しまんと》の子たちのように、さっそく今日から、なにか情報《じょうほう》を聞いたら「ほかの見え方」や「かくれているもの」に想像を広げてみよう。でも、これから出会う情報をぜんぶチェックしてたらヘトヘトになっちゃうから、「へえ!」と驚《おどろ》いた時や「マジか?」と思った時だけ、スイッチ・オン! そういう頭の体操《たいそう》をしていると、いつの間にか窓《まど》を広げて考えるクセがついていくから。

そうすればきっと、キミが生きていく世界は、もっとわかりあえるようになる。

そして、**三時間目の宿題**。

キミも富岡《とみおか》の子たちのように、なかまと「架空同窓会《かくうどうそうかい》」を開いてみよう。キミは、「今」という瞬間《しゅんかん》にだけいるのではない。「長い歴史年表の最後の一瞬に立っているわたし」でもあり、「長い未来設計図《せっけいず》の最初の一瞬に立っているわたし」でもあるのだ。この町の、この国の、この世界の未来は、キミたちがつくっていくんだ。ゴールをはっきり思いえがき、そこまでの道すじを、現実《げんじつ》も夢《ゆめ》もしっかり見つめながら、想像《そうぞう》していこう。

そうすればきっと、キミが生きていく世界は、もっと明るく、たくましくなる。

今さらながら白状《はくじょう》するけれど、じつは、ぼくは想像力の達人でもなんでもない。《他者への想像力》が足りなくて、いろんな人をいやな気持ちにさせてきた。

《情報《じょうほう》への想像力《そうぞうりょく》》が足りなくて、たくさんのかんちがいをしたり人に誤解《ごかい》を与《あた》えたりしてきた。《未来への想像力》が足りなくて、かなり行きあたりばったりな人生を送ってきた。そんな反省だらけのぼくだから、どうすれば想像力が働くようになるんだろうとうんうん考えて、この授業《じゅぎょう》が生まれたんだ。

だからぼくは、三つの授業で、おそらくみんなにひとつも新しい知識《ちしき》は教えていない。ただ、みんなの会話をさきに進めたり、例やコツを示《しめ》したり、質問《しつもん》したり、おもしろがったりしていただけだ。この本のホントの著者《ちょしゃ》は、すばらしい想像力の持ち主である、東京《とうきょう》と高知《こうち》と福島《ふくしま》の子どもたちなんだ。

その子たちとアクティブ・ラーニングの特別授業をするチャンスを与《あた》えてくださった、東京都杉並《すぎなみ》区立浜田山小学校の三井知之《みついともゆき》校長先生、保護者《ほごしゃ》の伴藍子《ばんあいこ》さん、高知県四万十町立七里小学校《ななさとしょうがっこう》の吉田晋二《よしだしんじ》校長先生、担任《たんにん》の矢野修《やのおさむ》先生、福島県富岡町立富岡第一小学校の岩崎秀一《いわさきしゅういち》校長先生、富岡第二小学校の渡邉《わたなべ》かほる校長先生、担任《たんにん》の飯村歩美《いいむらあゆみ》先生をはじめとするみなさまに、心から御礼申《おんれいもう》し上《あ》げます。

とくに、原発事故《じこ》からの避難《ひなん》生活がつづくデリケートな状況《じょうきょう》の中で、仮設校舎《かせつこうしゃ》での授業実現《じゅぎょうじつげん》のために尽力《じんりょく》してくださった、「とみおか子ども未来ネットワーク」の市村高志《いちむらたかし》理事長、富岡町社会教育委員会の荒木信彦《あらきのぶひこ》委員長、「おだがいさまFM《エフエム》」パーソナリティの久保田彩乃《くぼたあやの》さん、ほんとうにありがとうございました！

執筆《しっぴつ》のラストスパートをアシストしてくれたインターンの坂本真理《さかもとまり》さん、この本ができるまでの全工程《ぜんこうてい》に辛抱強《しんぼうづよ》く伴走《ばんそう》してくださった講談社《こうだんしゃ》の担当《たんとう》チームの方々にも、感謝《かんしゃ》いたします。

本書の制作《せいさく》期間中、いろいろ迷惑《めいわく》をかけたであろうわが家族への想像力《そうぞうりょく》は、完全にオフになっていました。ごめんなさい。これから、スイッチ入れなおします！

二〇一七年一月一日

下村健一《しもむらけんいち》

下村健一 しもむら けんいち

白鷗大学客員教授、時々ジャーナリスト。
1960年、東京都生まれ。東京大学法学部卒業。1985年TBS入社。報道アナウンサー、現場リポーター、企画ディレクターとして活躍。2000年以降、フリーとして「筑紫哲也NEWS23」「みのもんたのサタデーずばッと」などで取材キャスターを続ける一方、市民グループや学生、子どもたちのメディア制作を支援する市民メディアアドバイザーとして活動。2010年秋から約2年半、内閣広報室の中枢で首相官邸の情報発信を担当。東京大学客員助教授、慶應義塾大学特別招聘教授などを経て、現職。著書に、『首相官邸で働いて初めてわかったこと』(朝日新書)、『10代からの情報キャッチボール入門 —— 使えるメディア・リテラシー』(岩波書店)など。本書と同名の「想像力のスイッチを入れよう」というエッセイが、光村図書小学5年国語教科書に収められている。

写真／森 清、共同通信（38ページ）
動画／金澤智康、森 京子
イラスト／丸山誠司　地図／網谷貴博
ブックデザイン／城所 潤（Jun Kidokoro Design）

YouTubeの仕様変更があった場合には、2次元コードを読みこんでも動画が見られなくなる可能性があることをご承知おきください。

世《よ》の中《なか》への扉《とびら》
想像力《そうぞうりょく》のスイッチを入《い》れよう

2017年 1月 30日　第1刷発行
2021年 3月 1日　第3刷発行

著　者　下村健一《しもむらけんいち》
発行者　渡瀬昌彦
発行所　株式会社　講談社
〒112-8001　東京都文京区音羽2-12-21
電話　編集　03-5395-3535
販売　03-5395-3625
業務　03-5395-3615
印刷所　株式会社新藤慶昌堂
製本所　株式会社若林製本工場

N.D.C. 916　175p　20cm　ISBN978-4-06-287023-8